꿈 땀 힘

초판 1쇄 발행 | 2017년 7월 1일
초판 3쇄 발행 | 2019년 4월 6일
지은이 | 박인규
펴낸이 | 최대석
펴낸곳 | 행복우물

기획총괄 | 최 연
편 집 | 엠피케어(umbobb@daum.net)
표지디자인 | 서미선(mindmindms@gmail.com)
일러스트 | 박혜인(grace_park@hotmail.com)

등록번호 | 제307-2007-14호
등록일 | 2006년 10월 27일

주 소 | 경기도 가평군 가평읍 경반안로 115
전 화 | 031)581-0491
팩 스 | 031)581-0492

이메일 | danielcds@naver.com
홈페이지 | www.happypress.co.kr
ISBN 987-89-93525-44-1(03310)
정 가 14,000원

※이 책은 신저작권법에 의하여 보호받는 저작물이므로 무단전재나 복제를 금합니다.

꿈 땀 힘

박인규 지음

행복우물

추천의 글 I

삶의 참 가치를 일깨워 주는 노래

꿈이 있는 사람은 비전을 제시합니다
땀을 흘리는 사람은 무엇인가를 이루어 냅니다
힘을 바르게 쓸 줄 아는 사람은 세상을 이롭게 합니다

≪꿈·땀·힘≫은 인생을 살면서 반드시 필요한 세가지 원칙을 감동적인 스토리로 담아냈습니다. 이 이야기가 우리에게 삶의 가치를 일깨워 준다면, 그리고 마음에 품고 희망을 보고 한 걸음 나아갈 수 있게 해 준다면, 이보다 더 좋은 인생의 스승이 있을까요? 시련은 잠깐이라는 것. 그리고 인생은 참 살만한 가치가 있다는 것을 알려주는 ≪꿈·땀·힘≫의 노래가 여러분의 것이 되길 희망합니다.

주대준 CTS 회장
前 대통령 경호실 차장, KAIST 부총장, 선린대 총장 역임
저서: ≪바라봄의 법칙≫ ≪왜 내가 못해≫ ≪모르면 털린다≫

추천의 글 II

아름다운 도전 정신과 꿈, 땀, 힘

꿈을 이루어 나가는 모습보다 아름다운 것이 있을까요? 사람은 살면서 누구나 꿈을 꾸게 됩니다. 보통 처음에는 아름답고 원대한 꿈을 꿉니다. 그런데 대부분의 사람들은 시간이 흐르면서 꿈을 잃어버리고 포기한 채 그냥 하루하루를 살아가곤 합니다.

꿈을 이룬 사람들과 이루지 못한 사람들의 차이는 무엇일까요? 꿈을 이룬 사람들에게는 어떤 비밀이 숨어있을까요?

여기 자신의 꿈을 묵묵히 이루어 나간 한 사람이 있습니다. 작은 노점상 과일 가게의 아들이었고, 재수생이었고, 누구보다 평범한 직장인이었습니다. 때로는 누구보다 심하게 넘어지고 좌절했습니다. 그러나 매일 꿈을 마음속에 품었고 정직하게 땀을 흘렸습니다. 나보다 주변 사람의 행복을 우선시 했고 도움 받기 보다는 도움을 주고자 노력했습니다.

나보다 주변사람을 위해 노력할 때, 정직한 땀을 흘릴 때, 꿈을 소중히 간직할 때 성공이 찾아온다는 것을 보여준 이야기. 그래서 박인규 상무가 들려주는 ≪꿈·땀·힘≫의 이야기는 더욱 값집니다. 지금 이 시대에 아름다운 정신이 승리할 수 있다는 값진 이야기이기 때문입니다.

힘든 시간이 있으신가요? 꿈을 잃고 방황하고 계신가요? ≪꿈·땀·힘≫의 이야기를 들어보세요. 그리고 이제 희망의 씨앗을 품고 여러분만의 아름다운 인생을 조각하시기 바랍니다.

송경애 대표
BT&I 대표이사, 홀로하 대표
저서 ≪나는 99번 긍정한다≫

추천사 … 4

프롤로그
과일 노점상 아버지가 알려주신 인생 비밀 … 8

PART 1   꿈 Dream – 꿈과 열정이 희망을 낳는다

01 세상을 움직이는 것은 한 조각의 꿈 … 18
02 1,000억 할머니가 알려준 '인생' … 29
03 100배를 꿈꾸면 의식이 변화한다: 씨뿌리기 이론 … 39
04 선포하면 변화가 일어난다: 대박 이론 … 50
05 감사는 꿈을 실현해주는 에너지다 … 61

PART 2   땀 Effort – 땀은 거짓말을 하지 않는다

06 숨겨진 재능을 스스로 찾아 개발한다 … 76
07 땀 흘릴 수 있는 환경을 만든다 … 91
08 인내의 땀을 흘리면 인생이 빛이 난다 … 100
09 땀을 흘렸다면 반드시 쉬어야 한다 … 112
10 포기하지 않는다면 결실을 얻는다 … 121

contents

PART 3 **힘 Power - 사람과 독서가 나의 힘이다**

11 주변 사람들의 능력을 200% 끌어낸다 … 136
12 건강한 육체에서 성공의 씨앗이 자란다 … 144
13 만권의 책을 읽고 지식네트워크를 만든다 … 152
14 돈보다 더 가치 있는, 사람에게 투자한다 … 161
15 시련과 고통이 나의 힘이다 … 169

에필로그
꿈, 땀, 힘과 명품가문의 꿈 … 179
- 박혜인의 꿈·땀·힘 … 181
- 박진주의 꿈·땀·힘 … 183

과일 노점상 아버지가
알려주신
인생 비밀

살아가면서 누구나 힘든 시절이 있습니다. 겉으로 보이는 지금의 내 모습을 부러워하는 사람들도 있지만, 지난날 나의 삶을 되돌아 보면 대부분이 고난과 역경이었고, 그것을 하나씩 극복하는 과정의 연속이었습니다.

생각해보면 고난과 역경을 딛고 일어나는 과정에서 삶의 의미와 지혜를 가장 많이 얻었습니다. 시련과 아픔은 무엇인가를 남기게 됩니다. 그 순간에는 아프고 기억하기 싫은 상처로 남지만 어느 순간 나를 성장하게 해주는 원동력으로 작용하기도 합니다.

우리는 인생을 살면서 매순간 선택을 해야 합니다. 특히 힘든 시절일수록 더 어려운 결정을 해야 하죠. 세상이 나에게 준 상처를 탓하고 원망하느냐, 이를 극복하기 위한 행동을 통해 상처가 아닌 '긍정의 에너지'를 만들어 내느냐의 선택을 말입니다.

나 또한 불행이 끝이 없을 것 같다고 생각했던 적이 있습니다. 왜 나에게만 이런 시련이 있을까? 왜 나만 불행할까?에 대한 의문이 꼬리에 꼬리를 물던 시절이 있었습니다. 하지만 나중에 힘들 때마다 나를 붙잡아 준 것은 힘들었던 시절에서 오는 '내면의 목소리'였습니다.

내가 어릴 때 아버지는 과일 파는 일을 하셨습니다. 보통 사람들이 생각하는 과일가게가 아니라 리어카를 끌고 동네를 돌아다니면서 과일을 파는 '노점상'이었습니다. 그래서 학교가 끝나 집에 돌아갈 때도 나는 친구들과 함께 가다가 혹시라도 아버지와 마주칠까 두려웠습니다. 길도 빠른 길을 놔두고 일부러 돌아서 갔습니다.

초등학교를 다닐 때에는 학급별로 '직업조사'라는 것을 했습니다. 학교에서 부모님의 직업을 조사하는 것이었는데 나는 그 시간이 너무나 창피했습니다. 같은 반 친구들에게도 말하기 싫었던 가족에 대한 것들이 공개되는 순간이었기 때문입니다.
어머니와 이런 대화를 했던 기억이 납니다.

"아버지 직업이 정확히 뭐예요?"
"알면서 왜 묻니?"
"직업조사를 하는데 선생님이 정확히 써오라고 하셨어요."
"과일가게 한다고 써라."

그렇게 아버지의 직업란에는 '과일가게'라고 표기되었고 학교에서 나는 가게의 위치가 어디인지 모르는 과일가게 아들로 통했습니다. 나도 모르게 움츠러들던 시절이었습니다. 성격은 너무 수줍어서 같은 반 친구들 앞에서도 발표를 못했습니다. 초등학교 1학년에서 4학년까지 나의 생활기록부에는 항상 '소심함'이라고 적혀 있었습니다. 당시에는 소심하다는 것이 무슨 말인지 몰랐습니다.

과일장사는 쉬는 날이 없습니다. 영하 15도일 때에도 과일을 팔아야 식구들이 먹고 사니까요. 어린 마음에 다른 친구들에게 이야기하기 창피했습니다. 그래도 아버지께서 리어커 불법노점상 단속에 걸려 집에 들어오시면 마음이 아팠습니다. 집에 가만 앉아 있어도 추운 겨울날 아버지가 두꺼운 군복을 입고 나갈 때는 가슴이 찡했고 아버지의 낡은 군화를 보면서도 나는 해줄 수 있는 것이 아무것도 없었습니다.

대학에 들어가고 나서 돈이 필요했습니다. 그제서야 처음으로 아버지의 과일가게를 찾아갔습니다. 그때는 아버지가 리어커 행상에서 번 돈으로 아주 조그만 구멍가게를 열고 있을 때입니다. 아버지는 길바닥에 파라솔을 치고 수박을 팔고 계셨습니다. 나도 옆에서 수박을 팔아 보기로 했습니다. 수박은 그냥 팔리는 줄로만 알았는데, 막상 경험해보니 그동안 내가 생각했던 수박장사와는 너무 달랐습니다.

아침에 일찍 수박을 꺼내놓으면 미친 듯이 졸음이 쏟아집니다. 손님들은 오후 4시가 넘어서야 오는데 아버지는 언제나 과일을 닦고 있었습니다. 당시 대학생이었던 내 또래 학생들이 멀쩡한 수박을 바꿔 달라는 경우가 많았습니다. 내가 보기엔 멀쩡했는데 가져갔다 그냥 도로 가져와서 환불을 요구했던 것입니다. 사실 수박은 10통을 팔아 봐야 얼마 남지 않았습니다.
나는 속상한 감정과 손님들이 내 또래 아이들이었기에 창피한 감정이 들어서 빨리 환불해 주려고 했습니다. 그럴 때마다 아버지는 그들의 마음을 돌리고자 낑깡이라도 먹어보라며 젊은 친구들을 설득하곤 했습니다.

"아버지 제발 좀 가만히 계시지, 왜 젊은 사람들에게 그런 얘기를 하세요?"

나는 다리를 꼬고 앉아 툴툴거리곤 했습니다. 아버지께서 지나가는 사람들에게 뭐라도 끼워 주면서 수박을 사라고 이야기할 때마다 "대충 좀 하세요"라고 짜증을 내곤 했습니다.

내가 과일을 파는 알바를 시작한 지 한 달 쯤 되자 비가 며칠간 계속 왔습니다. 낮에 비가 오면 수박은 아래가 젖어서 가게 안으로 들여 놔야 합니다. 그 일을 몇 주간 했습니다. 매일 허리 통증에 시달리고 이제는 도저히 서있지 못할 지경이었습니다. 수박 파는 일을 시작한 지 두 달이 되어갈 무렵, 집에 와서 누웠는데 허리가 끊어질 듯 아파왔습니다. 약을 찾으러 방문을 열고 나오는데 아버지의 두꺼운 군화가 눈에 띄었습니다.

그런데 갑자기 눈물이 쏟아졌습니다. 아버지는 저 낡은 군화를 신고 허리가 끊어질 듯한 이 고통을 감내하며 수 십 년을 매일 같이 장사를 하신 것이었습니다. 나는 그날 밤 통곡을 하며 눈물을 쏟았습니다.

그 후로 힘들 때마다 그 옛날에 보았던 아버지의 두꺼운 군화가 머리 속에서 떠나질 않았습니다. 40년 간 과일가게를 매일같이 나가시던 모습을 통해 나에게 해주는 이야기는 단 한가지였습니다.

그것은 바로 '절대 포기하면 안된다. 주어진 환경에서 최선을 다 해라' 라는 외침이었습니다.

지금의 나는 대기업 임원이지만 회사의 이벤트나 캠페인이 있을 때 앞장서서 길거리로 나갑니다. 길거리에서도 큰 소리로 지나가는 사람들에게 회사의 신용카드나 하나멤버스 어플리케이션을 설치하라며 소리치곤 합니다.

"상무님, 들어가 쉬세요."
"재미있고 좋은데! 대박이야!"

가끔은 정말 재미있을 때도 있지만 사실은 쉬고 싶을 때가 더 많습니다. 하지만 내가 긍정적이고 밝은 모습을 보여야 직원들의 표정도 밝아지게 됩니다. 들어가서 쉬고 싶을 때, 포기하고 싶을 때마다 나는 하루 벌어 하루 먹고 사는 장사를 하시던 아버지를 떠올립니다.

지금 우리가 힘든 상황도, 우리 부모님이나 선조들이 겪었던 어려움에 비하면 아무것도 아니라는 생각을 해봅니다.

이 책을 읽는 모든 분들에게 주어진 환경에서 최선을 다할 때 긍정적인 변화가 일어나며 더 나은 환경으로 바뀌어가는 놀라운 삶의 법칙을 이야기 해주고 싶습니다.

지금이 제일 비참하다고 할 수 있는 동안은
아직 제일 비참한 게 아니다.

......

The worst is not so long as we can say,
"This is the worst."
- 윌리엄 셰익스피어 William Shakespeare -

PART 1

꿈 Dream

꿈과 열정이
희망을 낳는다

Chapter 1

세상을 움직이는 것은
한 조각의 꿈

드러내지 않는 부자들의 속내,
꿈은 그들의 마음까지 움직일 수 있다

나는 증권사에서 근무하면서 많은 부자들을 만나보았습니다. 서울에서 돈이 몰린다는 여의도에서 근무하면서, 그리고 청담지점 지점장까지 하면서 보통사람들은 만나기 힘든 부자들을 만났습니다. 가진 것이 없었던 시절, 나도 부자가 되고 싶었습니다.

내가 만난 대부분의 부자들은 항상 자기가 어디에 투자해서 얼마를 벌었다고 자랑을 하곤 했습니다. 그런데 정작 핵심은 절대 안 가르쳐 주었습니다. '몇 억을 벌었다, 몇 배의 이익이 났다'라고 은연 중 자랑하며 이야기를 하곤 했습니다. 그분들은 증권회사 직원들보다도 더 많은 정보를 알고 있었고 '돈 버는 방법'을 아는 사람들이었습니다.

그런데 시간이 지날수록 의문이 들었습니다. 나는 그분들과 꽤 친하다고 생각했는데, 부동산 또는 주식 등을 투자할 때 함께 하자고 하든지 정보를 알려주었다면 함께 돈을 벌었을 텐데 왜 내겐 이야기를 해주지 않았을까?

그들은 자신들이 돈을 벌기 전까지는 절대 이야기를 해주지 않았습니다. 나와 친분이 있는 수백억 대의 자산가들은 '내가 OO에 투자해서 10배의 이익이 났어' 하며 항상 뒷북을 치며 이야기 하였습니다. 지나간 이야기만 자랑삼아 하는 것이지요. 그때 나는 '부자'에 대해 궁금증이 많던 시기였습니다.

'같은 시대에 태어났고, 같은 사람으로서의 삶인데 저 사람들은 어떻게 해서 저렇게나 많은 돈을 벌었을까?'

'왜 좋은 정보를 알려주지 않는 걸까? 나는 꽤 친하다고 생각했는데 나만의 착각이었나?'

이런 고민을 하기 시작했고 고민을 할수록 머리가 아팠습니다. 다른 사람들은 술을 마시며 친해지기도 했지만 나는 술이 몸에 맞지 않아 많이 마시지를 못했습니다. 아무리 고민해도 답이 나오지 않았습니다.

　'저 분들과 함께 진정으로 마음을 공유할 수 있는 연결고리는 무엇일까?'

　이런 생각을 갖고 증권사 직원으로서 내가 할 수 있는 작은 일부터 시작했습니다. 손님이 오시면 누구보다 크게 인사하기, 직접 차 대접, 자리정리, 따뜻한 말 한마디 건네기 등. 그렇게 1년을 꾸준히 노력했습니다. 그러던 어느 날 처음으로 한 분의 회장님께서 나에게 마음의 문을 열고 이야기하시기 시작했습니다.

　'어? 바쁘신 회장님께서 왜 나에게 이런 이야기를 해 주시지?'

　드디어 나에게도 무언가가 열리기 시작한 것이었습니다. 나는 그분을 통해 부자들의 사고방식, 정보, 인간관계 등 많은 것을 배울 수 있었습니다.

어느 날 나는 회장님께서 왜 나에게 마음의 문을 여셨는지, 그리고 어떻게 부자가 되셨는지 노하우에 대해서도 함께 물어봤습니다. 그랬더니 회장님께서 오히려 나에게 질문을 던지셨습니다.

"내가 왜 박대리랑 거래하는지 알어?"
"제가 성격 좋고 싹싹해서요?"
"아니야. 다른데 가면 불편해서 그래. 금전거래 내역을 처음부터 다시 얘기해야 하잖아."

나는 실망했습니다. 나와 거래하는 이유가 고작 이런 이유였다니!

그런데 잠시 후에 회장님이 다시 질문을 하셨습니다.

"박대리, 내가 박대리랑 거래하는 또 다른 이유가 뭔지 알어?"

"글쎄요……."

"그것은 박대리에게 작지만 꿈이 있다는 거야. 꿈과 열정이 있기 때문에 젊은 시절의 나를 보는 것 같아."

"제가 젊은 시절의 회장님 같다고요?"

"그래. 그 꿈과 열정을 상대방에게 보여주면 마음의 문이 열리게 되어 있어. 그게 바로 인생의 성공 비밀이야. 박대리도 부자가 되고 싶다고 했는데, 세상의 모든 사업은 결국 사람이 하는 것이거든. 결국 마음의 문을 열 수 있는 사람이 성공하게 되어 있어."

회장님께서 말씀하신 이 한마디가 마음 속 깊이 꽂혔습니다. 그리고 힘이 났습니다.

많은 사람들이 돈을 벌기 위해서, 성공을 위해서 노력합니다. 그런데 성공으로 가는 '황금 열쇠'를 모르고 무작정 달리기만을 합니다. 성공으로 가는 황금열쇠는 바로 '꿈'에 있었습니다. 돈이 많다고 에너지와 열정이 있는 것이 아닙니다. 돈이 적어도 꿈이 있어야 합니다. 그때 나는 비밀을 깨우쳤습니다.

'작지만 당당하게 내 꿈을 이야기 할 수 있어야 마음과 마음이 통할 수 있구나.'

'사람의 마음을 움직일 수 있다면 돈은 따라오게 되어 있구나!'

그 이후로 나는 누구와 만나든지 당당하게 나의 꿈을 이야기 합니다. '열정'의 에너지를 누구에게나 보여 줄 수 있어야 합니다. 그러면 문이 자동적으로 열리게 됩니다. 어떤 부자나, 학자, 대통령일지라도 문이 열리게 되어 있습니다.

"꿈에 초점을 맞춰라!"

꿈의 크기는 달라도 꿈의 코드는 같습니다. 꿈에 코드를 맞추면 됩니다. 젊은 사람들에게는 꿈과 열정이 있습니다. 부자들과 이미 성공한 사람들은 젊은 사람들에게 배운다는 사실을 기억해야 합니다.

간혹 기업의 협상 테이블에서도 서로의 꿈을 이야기 할 때가 있습니다. 그리고 상대의 꿈을 듣고 그 꿈에 코드를 맞춥니다. 상대방의 꿈과 좋아하는 것을 집중적으로 이야기합니다. 그러면 상호 긍정의 에너지가 생기게 됩니다.

그리고 무엇보다 당당해야 합니다. 당당하게 산다는 것은 무엇일까요? 내 삶의 책임을 지고 내가 맡은 일을 열심히 하는 것입니다. 그러면 그 누구 앞에서도 당당할 수 있습니다.

사람들이 내 꿈이 허무맹랑하다고 이야기해도 내가 당당해야 문이 열리게 됩니다. 3살 어린이부터 100살 할머니까지 모두 마찬가지입니다. 이것은 마치 주파수만 맞으면 라디오를 듣고 텔레비전을 시청할 수 있는 것과 같은 원리입니다. 성공하고 싶거나 부자가 되려면 우선 꿈이 있어야 합니다.

물론 누구나 성공을 꿈꾸지만 성공에 이르기는 쉽지 않습니다. 하지만 분명한 것은 꿈을 가진 사람에게 성공이 찾아온다는 사실입니다.

꿈이 있는 사람은 그 꿈을 이루기 위해서 도전합니다. 꿈꾸고 도전하는 사람에게 그 꿈은 분명히 실현됩니다.

> 돈 많다고 에너지와 열정이 있는 것이 아닙니다. 돈이 적어도 꿈이 있어야 합니다. 그때 나는 비밀을 깨우쳤습니다.

'열정'의 에너지를 누구에게나 보여줄수 있어야 합니다.
그러면 성공의 문이 자동적으로 열리게 됩니다. 제아무리
부자나, 학자, 대통령일지라도 문이 열리게 되어있습니다.

Chapter 2

1,000억 할머니가 알려준 '인생'

삶의 목적은 자기계발이다. 자신의 본성을 완벽하게 실현하는 것, 바로 그 목적을 위해 우리 모두가 지금 여기 존재한다.

......

The aim of life is self-development. To realize one's nature perfectly - that is what each of us is here for.
- 오스카 와일드 Oscar Wilde -

1,000억 할머니, 그리고
성공과 행복

지점에서 근무할 때 고객 중 자산이 1,000억원이 넘는 자산가가 있었습니다. 생전 처음으로 수백억 단위의 돈이 통장에서 들어오고 나가는 것을 보았습니다. 정말 신기하고 부러웠습니다.

나와 동료들은 그분을 '천억 할머니'라고 부르며 부러워했습니다. 생각해 보세요. 1000억이 있다면 얼마나 좋을까요? 나와 동료들은 그 분이 오실 때마다 부러움에 가득 찬 눈빛으로 바라보았습니다.

천억 할머니는 천억 이상의 자산이 있었습니다. 자식들은 외국으로 유학 보내서 해외에 있었고 지점에는 주로 할머니 혼자 찾아 오시곤 했습니다.

어느 날 업무를 도와드리려고 천억 할머니의 댁을 방문했던 날 할머니가 갑자기 나에게 말씀하셨습니다.

"박대리, 나는 박대리가 부러워."
"네? 제가요?"

1,000억원이 넘는 자산을 갖고 계신 분께서 갑자기 증권사 말단 직원이 부럽다니 이해가 되지 않았습니다.

"박대리는 하고 싶은 일을 하고 있지?"
"네. 원하는 직장에 들어와서 열심히 하고 있습니다. 저도 사모님처럼 부자가 되고 싶어서 목표를 세우고 열심히 달리고 있습니다."
"그래 열심히 하는 모습이 참 보기가 좋아. 그런데 박대리, 사실 나 좀 우울해."

나는 할머니께서 우울하다는 말씀에 깜짝 놀랐습니다. 사모님은 돈은 많이 벌었지만 행복하지 않다고 하셨습니다. 하기 싫은 일을 하면서 죽을 날만 기다리는 것 같다고 말씀하셨습니다. 가장 힘든 일이 자식들 간의 재산 싸움과 세금 문제로 씨름하는 것이라고 하셨습니다. 그러면서 좋아하는 일을 열심히 하며 살아가는 젊은 사람들을 보면 너무 부럽다고 말씀하셨습니다.

"그럼 다시 태어나시면 무엇을 하고 싶으세요?"
"내가 좋아하는 일을 해야지."
"좋아하시는 일이 뭔데요?"
"난 내가 꽃을 좋아했기 때문에 꽃과 관련된 일을 하고 싶었어. 아시아 최대 수목원을 만들었으면 많은 사람들을 이롭게 할 수 있었을 텐데 말이야. 지금은 땅은 많지만 보기에만 내 땅이지 머리가 너무 아파. 사업과 관련된 분쟁이 있고 자식들도 서로 다퉈서 편히 눈을 감을 수가 없을 것 같네. 박대리는 아직 젊으니까 자신이 좋아하는 일을 하도록 해."

1,000억 할머니는 돈만 쫓다가 꿈을 이루지 못한 것을 후회하고 계셨습니다. 돈도 중요하지만 원하는 일을 하면서 꿈을 위해 노력하는 것이 더 중요하다는 사실을 깨우쳤습니다.

　'돈이 많다고 행복한 것이 아니구나.'

　사람은 정말로 좋아하는 일을 할 때 행복합니다. 꿈을 이루어 나갈 때 행복을 느끼게 됩니다. 그리고 열린 사고로 세상을 바라보아야 합니다. '돈'이라는 가치에 함몰되면 안됩니다. 자기 자신을 매일 매일 조금씩 성장시킬 때 삶의 기쁨을 느끼게 됩니다. 꿈이 없고 꿈을 위해 노력하는 삶이 없다면 인생이 무의미해지는 법입니다.

　어느 날 거지가 동냥을 하고 있었습니다. 불평불만에 가득 찬 그는 외쳤습니다.

"하나님, 내 인생은 왜 거지입니까? 나에게도 기회가 있었다면 거지가 안 되었을 것입니다."

하나님께서는 '그렇다면 소원을 이야기하여 보아라'고 하셨습니다. 거지는 자신이 가슴에 품고 있던 세 가지 소원을 이야기했습니다.

첫번째 소원
"깡통이 녹이 안 슬게 해 주세요."
···▸ 하나님은 스테인리스 깡통으로 바꿔 주셨습니다

두번째 소원
"깡통이 식지 않게 해 주세요."
···▸ 하나님은 보온 깡통으로 바꿔 주셨습니다

세번째 소원
"세상에서 가장 멋진 깡통을 주세요."
···▸ 하나님은 금 깡통으로 바꿔 주셨습니다

결국 거지는 평생 깡통만 바꾸고 인생을 마감했습니다. 이처럼 많은 사람들이 깡통만 바꾸다가 인생을 마감하게 됩니다.

우리도 한가지 가치에 매몰되어 인생을 헛되이 살지 않기 위해서는 꿈과 목표를 명확하게 정해야 합니다. 그 꿈과 목표는 삶의 의미를 찾을 수 있는 것이어야 합니다. 무엇이 인생에서 의미 있는 일인지 생각해 보아야 하고 나만의 꿈을 찾아야 합니다.

정말 성공하고 인생을 즐겁게 사는 부자들은 부모님께 물려받은 자산을 지키며, 원하지 않는 일을 하면서 사는 사람들이 아닙니다. 어렵게 성장했지만 꿈이 있고 자신이 진정으로 추구하는 꿈을 찾을 때 돈은 따라오게 되어 있습니다.

한가지 가치에 매몰되어 인생을 헛되이 살지 않도록
꿈과 목표를 명확하게 정하세요.

> 사람은 정말로 좋아하는 일을 할 때 행복합니다. 꿈을 이루어 나갈 때 행복을 느끼게 됩니다.

Chapter 3

100배를 꿈꾸면
의식이 변화한다
- 씨뿌리기 이론 -

내가 볼 수 있는 세계는
내가 생각하는 꿈의 크기에 달렸다

'코이'라는 물고기가 있습니다. 코이는 어항에 놓으면 20 ~ 30cm밖에 자라지 않습니다. 그런데 1m 정도의 수족관에 넣게 되면 60cm까지 자라나게 됩니다. 강물에 넣으면 1m 30cm까지도 자란다고 합니다.

이런 차이가 생기는 이유가 뭘까요? 어항에 사는 코이는 자신을 둘러싼 모든 세계가 어항이라고 생각했을 것이고, 수족관에 사는 코이는 수족관이 모든 세계라고 생각했을 것입니다.

큰 물고기가 된 코이가 특별히 유전자가 좋거나 다르게 태어났기 때문이 아닙니다. 이처럼 같은 물고기라도 환경과 여건에 따라 피라미가 되기도 하고 대어가 되기도 합니다.

사람도 마찬가지입니다. 자신이 말하고 스스로 행복하고 싶다고 꿈꾸는 범위만큼 꿈을 키우고, 꼭 그 만큼만 행복하게 살다가 죽습니다. 그래서 많은 위인들이 크게 꿈꾸고 넓은 곳으로 가라고 이야기하는 것입니다.

나는 대학도 재수, 대학원도 삼수, 그리고 승진도 여러 차례 누락이 되었습니다. 그런 일을 겪으면 정말 괴롭습니다. 그럼에도 이 모든 것을 극복할 수 있었던 원동력은 꿈을 크게 가졌기 때문입니다.

회사에서 승진이 안되면 정말 괴롭습니다. 함께 입사한 주변의 동기들은 승진이 되고 나이가 나보다 어린 친구들도 승진이 되어 나보다 더 높은 직급이 되어 있는데 나만 그대로이니 소외감이 들고 움츠려 들었습니다. 패배자 같은 기분이 들고 세상에 혼자 남겨진 듯했습니다. 힘들 때 나는 아침마다 명상을 하면서 '나는 지도 위에 한 점이지만 역사의 주인공이 될 것이다'라고 다짐합니다. 아무도 알아주지 않을 때 기도하고 스스로에게 이야기 합니다.

'넌 소중한 존재야.'
'지금은 이렇게 시작하지만 언젠가는 세상에 큰 영향을 끼치고야 말거야.'

승진이 안 되었어도 그 다음날 아침 일찍 출근하여 씩씩하게 컴퓨터를 켠 후 큰 소리로 인사를 했습니다. 괴로워하고 다른 사람들을 탓할 시간에 내가 무엇인가 할 수 있는 일을 했습니다. 정신이 괴로울수록 몸을 움직였습니다. 무형의 서비스를 동료들과 선배들에게 제공했습니다. 미소, 웃음, 친절한 말 한마디 같은. 그리고 퇴근 할 때도 큰소리로 밝게 인사했습니다.

그러다 보니 사람들이 "어떤 상황에서도 박인규씨는 항상 친절한 것 같아"라고 이야기하기 시작했습니다. 나 또한 사람이다 보니 야근하고 하루 종일 회사 일에 시달리다 보면 피곤합니다. 그래도 스트레스를 받고 힘이 들수록 몸을 움직였습니다. 일상적인 단순한 프로세스를 만들어서 재미있고 짧게 지속적으로 실시했습니다. 의식적으로 반복해서 내가 정한 삶의 원칙들을 시행해 나가는 것입니다. 그러다 보니 뭔가 긍정적인 일이 생겼습니다.

힘든 시간이나 괴로운 일이 있어도 고통은 짧습니다. 하지만 그것을 극복하고 난 후 오는 기쁨과 영광은 달고 오래갑니다.
목사님이 하신 말씀이 생각납니다.

"작은 꿈은 꿈이 아니다. 그냥 사람들이 원하는 것이다. '운전면허를 따겠다'라는 선언은 웬만하면 이루어 질 수 있는 것이다."

기왕이면 큰 꿈을 꾸어야 합니다. 지점장을 꿈꾸고 임원을 꿈꾸었기에 지금의 내가 있는 것입니다. 지점장만을 꿈꿨다면 임원은 되지 못했을 것입니다. 어느덧 큰 꿈이 나를 이끌고 있었습니다.
아직도 나는 꿈을 꿉니다. 은퇴 후에는 세계적인 미래학자가 되겠다는 꿈을 꾸고 있습니다. 그러다보니 다양한 경험을 시도하게 되었고 힘들어도 포기할 수 없었습니다.

크고 깊게, 그리고 높게 꿈을 가져야 합니다. 꿈꾸었던 그대로 100% 되지는 않을지라도 최소한 꿈이 없었던 것 이상은 이루게 됩니다. 꿈을 높게 꾸어야 합니다. 입으로 시인하면 온몸과 육체와 우주가 그것을 향해 움직이게 됩니다. 그리고 이루어지게 됩니다. 나는 실제로 많이 체험했습니다.

꿈을 꾸는 것과 더불어 씨를 뿌리는 것이 중요합니다. 어떤 일에 '탁월한' 사람들이 있습니다. 사람들은 그런 탁월함을 보고 부러워합니다. 그러나 나는 탁월함과도 거리가 멀었습니다. 회사 일을 잘하지 못했습니다. 승진에 수차례 누락이 되었습니다. 같이 입사한 동기들은 이미 대리가 되고 과장이 되었는데 나는 몇 년 동안 혼자만 승진하지 못하고 있었습니다.

사람들이 '탁월하다' '잘한다' 라고 이야기 할 때는 언제일까요? 탁월한 사람들은 씨앗을 2~3개 뿌려 2~3개를 거두게 됩니다. 나는 10개를 뿌려야 2~3개를 건졌습니다. 그래서 100개를 뿌려서 20~30개를 거두기로 작정하고 그대로 실천했습니다. 그때부터 사람들이 나보고도 탁월하다고 이야기하기 시작했습니다. 나는 그만큼 많이 뿌렸습니다.

씨앗이란 무엇일까요? 바로 노력, 꿈, 독서, 상상, 물질, 시간, 만남 등 입니다. 성공을 위해서는 '독서'와 '실행'이 가장 중요합니다. 우선 독서가 안 되면 세상의 이치와 성공의 방법을 알 수가 없습니다.

나는 절대 부정적이지 않습니다. 그래서 긍정적인 마인드를 갖고 살기로 결심한 이후 슬럼프가 없고, 힘든 일도 금세 극복해 낼 수 있는 능력이 생겼습니다.

그리고 선택과 집중이 중요합니다. 100배의 노력을 위해서 100배의 멋진 세계를 상상해보세요. 내가 보는 세계가 나의 한계입니다.

물고기 코이는 환경에 따라 피라미가 되기도 하고 대어가 되기도 합니다. 사람도 마찬가지입니다. 그래서 넓은 곳으로 가야 합니다. 사람도 자신이 말하고 스스로 행복하고 싶다고 꿈꾸는 범위만큼 꿈을 키우다가 죽습니다.

> 작은 꿈은 꿈이 아니다. 그냥 사람들이 원하는 것이다. '운전면허를 따겠다'라는 선언은 웬만하면 이루어 질 수 있는 것이다.

DREAM

 DREAM

 DREAM

여러분은 꿈이 있으신가요?
물고기 코이를 잊지 마세요

너는 개척자야. 이러고 있으면 안돼.
꿈이 나에게 이야기 한다

기러기 아빠고
시험에 떨어지고
승진에 누락되고
힘들지만

좌절하면 안돼
꿈이 너를 이끌어 갈테니
너 자신을 사랑해야 한다

너는 소중한 '작품'이야

나는 몇 cm짜리 꿈을 꾸고 있습니까?
혹시 스스로 규정지어 놓은 한계가 나의 성장을 방해하고
있는 것은 아닌가요?
조금 더 큰 꿈을 생각해 봅시다.

그러면 어느 순간, 꿈이 나를 이끌게 될 것입니다.

Chapter 4

선포하면
변화가 일어난다
— 대박 이론 —

대박을 선포하면 이루어진다
- 나는 '대박' 전도사

내가 가장 좋아하는 말이 있습니다. 그것은 바로 "대박이야!"라는 외침입니다.

'대박', 이것은 내가 아는 단어 중에 가장 큰 단어입니다. 회사에서 어떤 프로젝트를 시작하거나 누군가 좋은 의견을 제시한다면 나는 오버해서라도 '대박!' 이라고 이야기 해줍니다.

간혹 회사에서 사람들이 지나가면서 말합니다.

"박상무, 자네는 무엇이 그렇게 매일 대박인가?"

"상무님은 '대박' 전도사 같으세요. 하도 대박이라는 말씀을 많이 하셔서 저도 대박이라는 말이 입에 붙었습니다."

처음 보는 사람은 내가 '대박'이라고 이야기하면 조금 당황하기도 합니다 하지만 "대박이야!"라는 외침은 긍정적인 자아상이며 신념의 표현입니다. 긍정의 힘입니다. 내가 말하면서 씨앗을 뿌리는 것입니다.

어떤 일을 시작할 때나 마찬가지입니다. 비록 보통의 아이디어와 꿈으로 시작했을지라도, 그 아이디어와 꿈에 격려와 응원을 보내준다면 점점 더 좋은 아이디어와 꿈으로 발전하게 됩니다. 긍정적인 외침을 듣는 사람들에게 긍정적인 에너지를 주기 때문입니다.

'대박!'이라는 외침이 별 것이 아닌 것 같아 보여도 우리에게 주는 영향을 잘 살펴보면 실로 엄청납니다. 사람들은 '대박'이나 '합격'과 같은 긍정의 언어에 목말라 있습니다. 작은 일에도 긍정적인 반응을 보이며 '대박'을 외쳐주면 모두들 처음에는 어리둥절하지만 내심으로는 좋아합니다.

회사에서 출시한 하나맴머스 어플리케이션 회원을 확보하기 위한 캠페인을 벌일 때의 일입니다. 직원들과 길거리로 나갔을 때 이런 일이 있었습니다.

직원들이 데스크를 만들고 홍보를 하자 지나가는 사람들은 '무슨 이벤트를 하는구나' 하고 별 관심 없게 지나갔습니다. 그러다가 내가 우렁찬 목소리로 "합격~~!" "대박~~!"이라고 외치자 지나가는 사람들이 나에게 우르르 몰렸습니다.

사람들은 '이게 뭘까?!' 라며 왔지만 실상은 학생들은 합격이라는 말에, 그리고 직장인들은 대박이라는 말에 무의식적으로 끌렸던 것입니다. 순식간에 사람들이 몰리자 30분만에 목표량을 달성하고 직원들 모두가 일찍 귀가 할 수 있었습니다.

우리 모두는 내심 대박, 성공, 합격 같은 단어들에 목말라 있습니다. 그 목마른 부분을 '대박'의 언어로 이야기 해 주십시오. 그것이 선포의 힘이며 격려의 힘이며 비전을 나누는 원리입니다.

내가 경험했던 크게 성공한 사람들은 대부분 독불장군이 아니었습니다. 성공을 하기 위해서는 어떠한 형태로든 주변 사람들과 도움을 주고받아야 합니다. 꿈과 비전을 주변 사람들과 나누는 사람이 성공하게 마련입니다.

　주변 사람들과 함께 성장하기 위해서는 꿈을 나눠야 합니다. 꿈과 비전을 나누기 위해서는 어떻게 해야 할까요? 가장 중요한 것은 '선포'의 원리인데 그것은 바로 상호작용의 원리인 동시에 공명의 원리입니다.

　내가 선포하며 이야기하면 목소리가 두 방향으로 흐릅니다. 하나는 나 자신이 듣고 다른 하나는 남이 듣게 됩니다. 듣는 사람에게 약속을 지켜야 하니까 나는 더욱 분발하여 내가 이야기한 것을 실행하게 됩니다.
　사람들은 물고기가 시냇물에 있다가 아래로 내려가면 자기 자리를 잃는다고 생각합니다. 내 것을 나누어주면 손해 본다고 생각하는 것입니다. 오늘 들은 소중한 정보를 나만 갖고 있으려고 합니다.

하지만 시냇물의 물고기는 아래로 내려와야 비로서 강을 만난다는 사실을 알아야만 합니다. 꿈을 나누는 것도 이와 같습니다. 나만 움켜쥐고 있으면 아무것도 안됩니다.

꿈은 나눠줄수록 더 커지게 됩니다. 마치 눈사람을 굴릴 때처럼 말입니다. 그래서 나는 만나는 사람들에게 항상 이렇게 이야기합니다.

"당신의 비전은 뭡니까? 비전대로 삶을 살게 됩니다. 큰 꿈을 가지세요. 꿈이 없는 백성은 망합니다."

내가 꿈을 이야기 하면 긍정의 에너지가 주변사람들에게 전이 됩니다. 그러한 긍정의 에너지는 결국 두배 세배로 나에게 되돌아오게 됩니다. 시너지가 나고 결과적으로 상호 상승효과가 일어납니다.

여러분도 주변에 '대박'을 선포하십시오. 그러면 꿈이 전이 됩니다.

미국의 학자들이 미국 역사에 공헌한 사람들을 뽑아 지도에 출신지 별로 분류해서 점으로 표시했습니다. 그랬더니 놀랍게도 미국의 북동부에 위치하고 있는 작은 뉴잉글랜드 지방에 많은 점이 찍혔습니다.

미국의 넓은 땅 중 좁디좁은 뉴잉글랜드 지방에서 미국의 역사를 움직이는 인물들이 왜 이렇게 많이 나왔을까요?

학자들은 분명 어떤 이유가 있을 것이라고 생각하고 환경, 언어, 교육, 생활습관 등을 조사하기 시작했습니다. 그랬더니 흥미로운 결과가 나왔습니다.

뉴잉글랜드 지방에 있는 사람들은 자기들의 아이들이 잘못하거나 실수를 저질렀을 때 타이르면서 주로 이런 말을 사용한다고 합니다.

"Boys, be ambitious!" - 소년들이여, 야망을 가져라!
"Girls, be ambitious!" - 소녀들이여, 야망을 가져라!

나는 오늘도 '대박'을 선포합니다.
여러분도 이제 주변 사람들에게 그리고 나에게 큰 소리로 이렇게 선포하십시오.

"대박!"
"합격!"
"성공!"

> 꿈을 선포하고 이야기 할 때 그 목소리는 두 방향으로 흐르게 됩니다. 하나는 남이 듣고 하나는 내가 듣습니다.

꿈은 씨앗이며
그 씨앗이 주변에 뿌려지면
자라서 내게로 돌아옵니다.
여러분도 주변에 '대박'을 선포하십시오

선포하는 말에는
사람을 변화시키는 힘이 있습니다

Chapter 5

감사는
꿈을 실현해주는 에너지다

감사의 에너지가 충만할 때
꿈이 이루어진다

　예전의 내가 쓰던 언어는 부정적이었습니다. 아버지가 시장에서 장사를 하셨기 때문에 가끔 시장에 가면 나도 모르게 시장 사람들의 언어를 배우게 되었습니다. 시장 사람들은 거친 언어를 습관적으로 내뱉곤 했습니다. 아버지의 과일가게나 옆집의 생선가게에서 수시로 들려오는 소리는 거친 언어였습니다. 나도 모르게 부정적이고 거친 언어를 배우게 되었던 것입니다.

　무심코 내뱉는 거친 언어는 불평과 불만으로 가득찬 부정적인 언어들뿐입니다. 언어가 부정적이면 아무것도 안 됩니다.

말은 씨앗이며 내가 뱉은 말은 나에게 다시 영향을 미칩니다. 왜냐하면 그 말의 반은 상대방이 듣고 반은 내가 듣기 때문입니다.

부정의 말을 뿌리면 부정의 씨앗이 되어 돌아오게 됩니다. 나 또한 불평불만이 많은 시절이 있었습니다. 증권사에서도 주식가격이 워낙 오르락내리락 기복이 많다보니 입이 거칠어졌습니다.

어느 날 문득 나는 언어의 중요성을 크게 깨우치고 '언어를 바꿔야겠다' 라는 생각을 했습니다. 언어의 중요성, 그 중에서도 '감사'에 대해서 크게 깨우치게 된 계기는 일본에 쓰나미가 덮쳤을 때의 이야기를 들었을 때였습니다.

후쿠시마 원전사고 당시 한 가정의 이야기입니다. 사고 당일 남편과 딸은 집에 있고 부인은 시장을 갔습니다. 갑자기 긴급 싸이렌이 울렸고 재난경보가 발령되었습니다.

쓰나미가 덮친 것입니다. 남편이 전화를 했습니다.

"여보 거기서 벗어나야 해!"

남편은 아이를 두고 부인을 구하러 갔습니다. 한참을 찾다 극적으로 만나게 되었습니다. 쓰나미가 밀려오고 있었고 남편은 있는 힘껏 깍지를 끼고 아내를 껴안았습니다.

쓰나미가 지나간 후 남편이 정신을 차려보니 아내는 사라지고 없었습니다. 쓰나미와 함께 아내는 쓸려 내려가고 자기 혼자만 살아남은 것이었습니다. 남편은 망연자실해서 울부짖었고 그렇게 한참의 시간이 지났습니다.

너무나 허망하고 힘든 시간이 흘렀습니다. 남겨진 자신과 딸아이를 바라보면서 남편은 감사의 조건을 찾아 보았습니다.

'그래도 마지막에 아내를 보았다!'

그는 마지막에 아내를 못 보고 죽었으면 평생 한이 맺힐 뻔 했다고 생각했습니다.

'나라도 살아남았으니 그나마 다행이다. 나까지 죽었으면 혼자 남겨진 딸이 어떻게 이세상을 살아 나갈까……'

그리고 남편은 감사함으로 쓰나미가 덮친 재해를 극복해 나갔습니다.

사랑하는 아내가 재해로 인해 죽게 된 극한의 상황에서 감사의 조건의 찾기는 어려웠을 것입니다. 나는 '이런 식으로 생각하는 것이 정말 가능한 일까?'를 곰곰이 생각해 보았습니다.

만약 남편이 원망과 비통으로 시간을 보낸다고 하더라도 상황은 바뀌지 않습니다. 물론 힘든 상황에서 감사의 조건을 찾는 일은 정말 어렵습니다. 극한의 상황에서 감사의 조건을 찾는 것이 너무나 어렵기 때문에 감사의 힘은 더욱 더 위대합니다.

어떤 어려운 상황에서도 감사의 조건은 반드시 있게 마련입니다. 삶은 동전의 양면과 같은 법이니까요. 세상에서 가장 큰

말 한 마디가 바로 '감사' 임을 우리는 기억해야 합니다.

그런데 나 또한 어른이 되어 언어를 바꾸자고 마음먹고 노력했는데 잘 바뀌지가 않았습니다. 그래서 '감사'라는 단어를 의식적으로 반복해서 사용하기로 했습니다.

하루하루 반복하다 보니 힘들 때마다 감사할 수 있는 나만의 방법이 생겼습니다. 그 방법은 아주 쉽습니다. 일단 종이를 꺼내어 감사의 항목을 차례로 적어 봅니다. 건강 등 내가 갖고 있는 것부터 적습니다.

눈을 떠서 감사하다
건강하니 감사하다
출근할 수 있는 직장이 있어서 감사하다
가족이 있으니 감사하다
살아있음이 감사하다
……

적다 보면 '어?! 내가 가진 것이 생각보다 많네?' 라는 사실을 깨우치게 됩니다. 그리고 불평이 하나 둘 사라지게 됩니다. 힘들 때 힘이 생깁니다. 함부로 생활하지 않게 됩니다. 감사의 힘은 굉장히 중요합니다.

집에서도 아내와 아이들에게 감사하다고 이야기 하니까 가족 모두 감사하는 삶을 살게 되었고, 직장에서도 마찬가지로 감사할만한 일들이 조금씩 생겨 났습니다.

사람들이 대부분 불행하다고 느끼는 것은 남들과의 '비교'에서 옵니다. 특히, 다른 사람과 비교하고 다른 가정과 비교하는 것은 가장 큰 불행의 원인입니다. '절대 비교하면 안 된다' 라는 원칙을 세우십시오.

비교하는 나쁜 습관을 깰 수 있는 것이 바로 감사입니다. 아침에 일어나자마자 감사할 것들을 생각해 보세요.
의식적으로 반복해서 '감사'라는 단어를 사용하니까 정말 감사하게 되었고 감사한 일들이 자꾸만 생겨났습니다.

직장에서도 사회에서도 힘든 일이 생겼을 때 극복하는 방법도 불평의 조건보다는 감사의 조건을 먼저 찾는 것입니다. 나는 우여곡절 끝에 청담동 지점장이 되었습니다. 어려운 시절이 있었지만 잘 참고 지내다보니 인정을 받게 되었던 것이지요. 그런데 지점장을 잘 하고 있는데 갑자기 본사로 발령이 났습니다.

보통 대기업에서는 인사발령을 주기적으로 하기 때문에 팀과 직무가 자주 바뀌곤 합니다. 증권사와 은행은 본사와 지점이 있기 때문에 바뀌는 경우가 많습니다.

회사에서는 나에게 당시 적자였던 금융센터를 살리라고 했습니다. 문제는 직원이 아무도 없다는 것이었습니다. 혼자 발령이 나니까 황당스럽고 덜컥 겁이 났습니다.

"이런 경우는 이제껏 못 본 것 같은데…… 날보고 나가라는 건가? 내가 뭘 잘못 했을까?"

인사발령 문서를 확인하고는 정신이 혼미해졌습니다. 아내에게 전화를 걸어 상의했습니다.
"새로 발령이 났는데 어떻게 해야 좋을지 모르겠어."

"무슨 팀인데요?"
"나도 뭘 하는 팀인지 잘 몰라. 무슨 증권 방송국을 만들라고 하는데 어떻게 해야 할지 막막하네."

사람들은 내가 한직으로 쫓겨났다며 수군거렸습니다. 나는 방송국에 대해서 아는 것이 하나도 없었고, 타사 방송국의 경우에도 방송국을 하나 만드는데 20~30억원까지 든다는 것이었습니다. 예산도 부족할 것 같았고 '실패해서 쫓겨나면 어쩌지?'라는 걱정이 앞섰습니다. 그런데 아내가 이렇게 말하는 것이었습니다.

"그럼 그만 둘래요? 그만두기엔 아깝지 않아요?"
"……."
"한 번 해 보세요."
"뭐라고?"
"당신 회사에서 대리 승진도 꼴찌로 하다가 청담동 지점장까지 했잖아요. 그땐 어떻게 했어요?"

아내의 말을 듣는 순간 뭔가에 얻어 맞은 기분이었습니다.

나는 늘 꼴찌였습니다. 여기까지 지나온 과정들을 되돌아보니 갑자기 자신감이 생겨났습니다. 지금의 내가 너무 감사했습니다.

"부족한 내가 지점장을 했던 것이 너무 감사하다! 실망하지 말자. 그리고 다시 시작하자!"

다음날부터 증권 방송국에 대해서 적극적으로 알아보기 시작했습니다. 용산에 직접 가서 방송 장비에 대해 알아보고 공부했습니다. 방송 장비 세미나를 모두 예약해서 참석하고 자료를 수집하는 한편, 폐쇄 직전의 팀에서 세 명을 스카우트 해 왔습니다. 내가 볼 때에 그들은 모두 잠재력이 있는 인재들이었습니다. 정신을 바짝 차리고 발로 뛰었습니다. 그리고 아침마다 명상을 했습니다.

"비즈니스 모델에 차별성이 있어야 한다. 뭔가 방송과 어우러진 온라인 자산관리 모델을 만들어 보아야겠다."

새벽에 명상을 했는데 두 명이 마이크를 놓고 재미있게 이야기를 하는 장면이 떠올랐습니다. 여기서 아이디어를 얻어서 두 사람이 무언가 유익한 정보를 전달하는 형식의 방송을 만들어야겠다고 생각했습니다. 두 달 동안 증권사 방송국을 돌아다녔습니다. 마침내 생방송으로 진행되는 온라인 자산관리 방송 '멘토스'를 탄생시켰습니다.

지역본부에서 주식을 제일 잘하는 직원을 두 명씩 뽑아서 리더로 앉히고 온라인 자산관리 서비스인 '멘토스'를 오픈했습니다. 반응은 폭발적이었고, 첫 해 내가 맡은 팀에서만 23억원의 흑자를 냈습니다. 그리고 기가 막히게도 그때 마침 스마트폰의 시대가 열렸습니다. 모바일과 온라인이 부상하면서 증권사의 자산관리도 개념이 바뀌고 있었던 것이었습니다.

모두들 좋지 않은 자리라고 생각했던 곳으로 발령이 났던 것이 오히려 터닝포인트가 되었던 격이었습니다. 이전까지는 증권사에서 '온라인 팀' 이라고 하면 뭘 하는 곳인지도 몰랐고 존재감 조차도 없었습니다. 하지만 나에게 주어진 일을 감사한 마음으로 하다 보니 어마어마한 기회가 열린 것입니다.

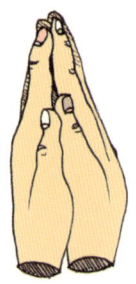

감사의 말을 할 때 힘이 생기고
꿈이 이루어 집니다
한번 도전해 보세요

남들과 비교하는 습관에서
감사하는 습관으로 바꾸십시오
삶과 인생이 바뀌게 됩니다
인생의 나쁜 습관을 없앨 수 있는 모든 비밀은
바로 '감사'에 있습니다

여러분이 흘린 땀은
반드시 빛을 보게 됩니다

PART 2

땀 Effort

땀은 거짓말을 하지 않는다

강력한 이유는 강력한 행동을 낳는다.
Strong reasons make strong actions.

– 윌리엄 셰익스피어 William Shakespeare –

Chapter 6

숨겨진 재능을
스스로 찾아 개발한다

탁월한 능력은 새로운 과제를 만날 때마다
스스로 발전하고 드러낸다.

……

Great ability develops and reveals itself increasingly
with every new assignment.
- 발타사르 그라시안 Baltasar Gracian -

내 앞의 과제를 기꺼이 받아들이면
숨은 능력이 터져 나온다

사람들은 내가 처음부터 강의를 잘했거나 말을 잘하는 사람 사람으로 알고 있습니다. 수백 명의 청중들을 휘어잡거나 카이스트 (S+최고위 AMP) 초빙교수를 하는 나를 보며 의례 내가 말을 잘하는 사람으로 생각합니다.

하지만 예전의 나는 지금과는 너무나 달랐습니다. 말할 수 없을 정도로 소심하고 앞에 나서기를 주저하는 사람이었습니다.

그 당시 나는 사람들 앞에 서는 게 두려웠습니다. 심장이 두

근거리고 말이 나오지 않았습니다.

그런데 어떻게 변화된 것일까요? 변화의 시작은 해야 할 일을 '받아들이는 것'부터 시작되었습니다. 회사생활을 하다 보니 소심하고 내성적인 성격을 갖고는 성공하기 힘들겠다는 생각이 들었습니다.

회사생활을 잘 해보고 싶은데 어디서부터 시작해야 할지 몰랐습니다. 누구를 만나도 움츠러들지 않고 당당하게 이야기하는 법을 터득하고 싶었습니다.

지금이야 기업의 사장님들도 알고 다양한 산업분야에 걸쳐 인맥이 있지만 신입 시절에는 아는 사람이 거의 없었습니다. 영업을 해야 하는데 할 수 있는 일이라곤 현장으로 나가는 것뿐이었습니다. 기업의 재무담당자나 관련부서를 찾아가서 회사의 상품과 서비스를 설명해야 했습니다. 물론 대부분 이야기를 들어 보기도 전에 '나가라'라는 반응들을 보였습니다.

'나가세요! 들어오시면 안됩니다' 라는 말부터 심지어는 '왜 왔어? 당신 뭐하는 사람이야?!' 라며 막말을 하는 경우도 부지기수였습니다. 이상한 사람이 들어왔다고 1층 경비실에 신고를 하기도 했습니다. 죄를 진 것도 아닌데 50분 동안 화장실에 숨어있었던 경험도 있습니다.

 창피하고 얼굴이 빨개졌습니다. 퇴근해서는 좌절감이 들었고 힘들었습니다. '이런 대접을 받기 위해 열심히 공부해서 증권사에 취업했나?' '대충하고 집에 들어갈까?' '다른 부서나 지점으로 발령을 내달라고 이야기 해볼까?' 등등, 별별 생각이 다 들었습니다.

 이런 부정적인 생각과 좌절감에 젖어 3개월 이상 허우적거렸습니다. 실적은 당연히 바닥이었고 무능한 직원으로 낙인 찍혔습니다.

 패배감에 사로잡혀 있었던 나에게 힘을 주었던 것은 KFC 할아버지의 이야기였습니다. KFC를 설립한 커넬 센더스는 전국을 돌며 수백 번의 거절을 당하며 푸대접을 경험합니다. 그럼에도 굴하지 않고 계속 문을 두드립니다. 결국 그를 알아주는 한 명의 투자자를 만나서 오늘날의 KFC를 만들게 됩니다. 이 이야기가 당시 나의 마음에 꼭 와 닿았습니다. 그리고는 생각했습니다.

"나만 이런 경험을 하는 것이 아니구나!"

나만큼 힘들었던 사람들의 이야기를 접하자 힘이 생겼습니다. 그리고 '지금 내가 사람들에게 거절당하는 훈련을 하고 있는 것이구나'라는 생각이 들었습니다. 나는 사람의 마음을 읽는 방법을 배우고 있던 것이었습니다. 그것도 월급을 받아가면서 말입니니다. 내 스스로의 공부를 월급까지 받으며 하고 있다고 생각하니 창피하다는 생각도 없어지고 더 힘이 나는 것이었습니다.

"≪부자아빠 가난한 아빠≫의 저자인 로버트 기요사키도 성공하려면 반드시 영업은 해봐야 한다고 이야기했다. 절대 창피해 하지 말자!"

창피한 감정이 들어도 창피해하지 않기로 마음을 먹었습니다. 마음을 고쳐 먹고 사람들을 만나기 시작하니까 '너 왜 또 왔어?!' 라는 이야기를 들어도 '잠깐 지나가다 들렀습니다.' 라고 웃으며 대답할 수 있게 되었습니다. 어떤 때는 밝은 모습으로 '지나가던 길에 인사 드리러 왔습니다!' 라고 이야기 했습니다. 자주 찾아가니 기업의 담당자들도, 건물의 경비업무를 하는 분들도 어느 순간 뭔가 대하는 태도가 이전과는 다르게 변하고 있다는 것이 느껴졌습니다.

내게 무안을 주더라도 예의를 갖춰 대하는 상황이 반복되자 조금씩 상대방의 태도가 누그러졌습니다. 오히려 상대방이 조금씩 미안한 마음을 느끼는 것 같았습니다. 그렇게 여기저기를 꾸준히 다니며 구두를 일년에 몇 켤레씩 갈아 신었습니다. 새로산 구두 뒷굽이 금세 다 닳곤 했습니다.

일년이 지나자 담당자 이름도 많이 알게 되고 안면이 익자 더이상 쫓아내지도 않았습니다. 항상 자료를 준비하고 상대방의 눈을 보면서 밝은 모습으로 이야기했습니다. 처음에는 까다로웠던 담당자들도 조금씩 마음의 문을 열기 시작했습니다.
어느 순간 사람들은 '이 사람이 무슨 이야기를 하려고 왔는지 들어나 보자'라는 마음에 저의 이야기에 귀 기울이기 시작했고 드디어 신규 거래가 일어나게 되었습니다. 처음 거래가 터지자 그 다음부터는 저를 내쫓고 무시했던 분들이 오히려 다른 거래처를 소개해 주기 시작했습니다.

그리고 나중에는 오히려 '박대리, 그때는 내가 미안했어!'라고 사과까지 하는 것이었습니다. 이 한마디에 저의 모든 상처가 녹아 내렸습니다.

소개를 받고 인맥이 생기자 초반에 부진했던 실적이 늘어났습니다. 처음으로 회사에서 보람을 맛볼 수 있었습니다. '나도 하면 되는구나'라는 생각이 들었습니다. 그리고 세상의 원리는 '뛰는 놈에게 밀어준다'라는 큰 깨우침과 네트워크의 원리를 알게 되었습니다.

꼴찌만을 하던 내가 큰 자금을 끌어 모으고 실적이 일등까지 올라가니까 회사에 소문이 났습니다. 회사에서 강의 요청까지 들어 오기 시작했습니다. 존재감이 없던 나를 알아준다는 사실이 기쁘기도 했지만 강의를 해 본 적이 없어서 겁이 났습니다. 열심히 뛰어다녀서 실적을 올렸지만, 강의는 영업과는 또 다른 세계라는 생각이 들었습니다.

'내가 강의를 잘할 수 있을까?'

사람들 앞에 서는 것이 떨리고 무서워서 강의를 해보겠다고 해야 할지 아니면 그냥 맡은 영업 업무에만 충실하겠다고 해야 할지 고민이 되었습니다. 그런데 영업을 잘하게 되어서 실적을 올린 것도 '시작'했기 때문이라는 생각이 들었습니다. 내 앞에 닥친일을 긍정적으로 받아들이겠노라고 결심했습니다.

"강의를 해 보고 싶습니다."

일단 받아들이자 강의를 어떻게 해야 할지 잠이 안 왔습니다. '어떻게 하면 강의를 잘 할 수 있을까?' 라는 생각을 거듭했고 강의에 관한 책을 30권 이상 읽었습니다. 그리고 밤낮으로 연습했습니다. '길바닥의 보도블럭이 청중이다'라고 생각하고 출퇴근길마다 연습했습니다. 시간 날 때마다 사물이나 허공에 대고 말을 했습니다. 보도블럭과 자연을 관중 삼아서 스토리텔

링을 했습니다.

집에서는 책을 보고 주제를 정리해 나갔습니다. 한 달을 그렇게 했더니 거울 앞에서조차 소심하고 버벅거리던 내가 조금씩 바뀌기 시작했습니다.

'완벽한 연습만이 청중을 감동시킨다.'

영업이 되었든 강의가 되었든 모두 기본은 '실전과 같은 연습'이었습니다. 청중들과 무대 위에서의 공포를 없애는 방법은 연습밖에 없다고 판단했습니다. 무의식적으로 말이 술술 나올 수 있을 정도로만 연습한다면 무서운 기분이 들지 않을 수 있다고 생각했습니다.

실력이 늘어나는 것을 스스로 느끼다보니 강연도 더 잘하고 싶었습니다. 사람들이 내 이야기에 반응해주니 보람을 느꼈습니다. 쉽게 설명해주고 사람들을 이해시키는 것이 점점 재미가 붙었습니다.

한두 번의 강의가 성공적으로 끝나자 연달아 강의가 들어왔습니다. 조흥은행에서 2,000명 이상에게 강의를 했고 하나은행에서도 4,000명 이상에게 강의를 했습니다.

강의는 고객관리에 관한 것이었는데
① 고객의 돈은 고객의 피다
② 고객은 우리의 아버지 어머니이다
③ 분산투자해라
④ 인생을 길게 봐라
⑤ 포기하지 마라
등등의 내용이었습니다. 이게 큰 히트를 쳤습니다. 모두들 내 강의가 쉬우면서 강렬한 메시지를 주었다며 아주 도움이 많이 되었다는 반응들이었습니다.

무엇이든 내 앞에 과제가 주어졌다면 능력이 부족하다고 생각하지 말고 긍정적으로 받아들이는 자세가 중요합니다.

소심하고 패배감에 젖어 사람들 앞에만 서면 심장이 두근거리던 제가 해냈으니 여러분도 할 수 있습니다. 과제가 주어졌다면 일단 받아들이고 최선의 노력을 해보는 것이 중요합니다. 그러다 보면 숨어있던 능력이 나오게 되어 있습니다. 설령 실패하더라도 경험은 남게 됩니다. 그리고 그것은 다음 번의 성공을 위한 토양이 됩니다.

도전을 받아들여라.
그러면 승리의 쾌감을 맛볼 지도 모른다.

……

Accept challenges, so that you may feel
the exhilaration of victory.
- 조지 S. 패튼 George S. Patton -

뿌린 대로 거두는 것이다
노력과 성실은 배반하지 않는다

포기하고 싶은 그 순간
바로 다시 시작하라

인간에게 가장 큰 선물은
자기 자신에게 기회를 주는 것이다

- 크리스 가드너 Chris Gardner -

Chapter 7

땀 흘릴 수 있는 환경을 만든다

외모를 가꾸듯이
주변 환경을 아름답게 가꾼다

 창피한 일이지만 우리 집안은 '콩가루 집안'이었습니다. 예전 가정의 일상을 생각해보면 정말 끔찍합니다. 가장인 나는 퇴근해서 집에 오면 매일 텔레비전만 봤습니다. 가족간의 대화는 찾아 볼 수 없었고 집에 오면 회사에서 받은 스트레스를 텔레비전 보는 것으로 풀었습니다.

 대화가 없고 서로 서먹하다 보니 가족 간의 관계가 금이 가기 시작했습니다. 집에 와서도 온전한 휴식을 취할 수 없고 불편한 마음이 있으니 출근할 때부터 기분이 좋지 않았고 회사에서도 항상 피곤했습니다. 그러자 피로가 누적되고 스트레스가

쌓여가는 악순환이 반복되었습니다.

어느 날 집사람이 '이혼하자'라고 했습니다. 처음에는 그냥 홧김에 한 소리인 줄 알았는데 그게 아니었습니다. '나는 열심히 산다고 돈을 벌고 회사에서 밤낮으로 뛰어다녔는데 뭐가 잘못된 것일까?!'

아내의 말을 들어보니 가장인 내가 가정에 너무 신경을 안 쓴다는 것이었습니다. 아무것도 없이 시작한 신혼살림에 아내는 아이 셋을 혼자 키우느라고 카드를 돌려막기까지 하는 지경인데, 나는 가정과 아이들에게 무관심하다는 것이었습니다. 어떻게 회복해야 할지 방법을 몰랐습니다.

늦게까지 텔레비전을 보고 아침에 겨우 일어나서 회사에 힘들게 출근하고 피로가 누적되니 회사도 가정도 신경을 제대로 못쓰고 살았던 게 이런 결과를 초래한 것입니다.

아내의 말을 듣고 저녁에 아이들의 모습을 살펴보던 나는 깜짝 놀랐습니다. 아이들이 턱을 고이고 텔레비전을 보고 있는 뒷모습이 나의 모습과 똑같았습니다. 그렇게 생각없이 텔레비전을 보다가는 불륜드라마까지도 볼 것 같았습니다. 자녀는 부모의 습관을 보며 자란다고 하는데, 이 상태로 우리 가문의 미래는 없다는 생각이 들었습니다.

나부터 바뀌어야 할 것 같았습니다. 일단 체력을 기르기 위해 매일 아침에 윗몸일으키기를 100개씩 했습니다. 5시에 기상하고 명상과 기도를 하기 시작했습니다. 그러자 얼마 지나지 않아 아침형 인간으로 완전히 바뀌었습니다. 텔레비전은 전원을 뽑고 얼마간 지내다가 나중에는 아예 팔아 버렸습니다. 그 시간에 대화와 독서를 하기로 마음 먹었습니다.

가족간에 대화와 친근감을 갖기 '뽀뽀게임'을 생각해냈습니다. 가위바위보를 해서 이긴 사람이 제일 먼저 '사랑합니다'라고 말하면서 뽀뽀를 해 주는 것입니다. 처음에는 모두 쑥쓰러워서 아무도 뽀뽀게임을 하지 않았습니다. 그래서 나 혼자 했습니다. '자기야 사랑해!' '종혁아, 혜인아, 진주야, 사랑한다!' 이렇게 말하며 나 혼자 3개월을 하니 아이들이 점차 따라하기 시작했습니다. 그렇게 6개월이 지나자 가족들 간에 서서히 친밀감이 생겨나기 시작했습니다. 사랑한다는 이야기도 스스럼 없이 하기에 이르렀습니다. 서로의 마음속에 기쁨과 감사의 마음이 자리잡기 시작한 것입니다.

가족끼리 모여서 노래 자랑도 하고 대화도 하게 되니 점점 가정이 회복되기 시작했습니다. 그리고 일주일에 한번씩 가정예배를 드렸습니다. 서로의 고민을 들어보고 조언을 해주고 기도도 해주었습니다. 그 이전까지 아내가 가장 많이 했던 이야기가 '힘들어 죽겠다'였는데 그런 말도 언제부터인가는 자리를 감추어 버렸습니다.

그때부터 책을 읽기 시작했습니다. 책을 자주 안 읽던 사람이 독서를 하려니 쉽지 않았습니다. 처음에는 책이 안 읽혔습니다. 그래도 목표한 분량을 읽을 때까지 책상에 앉아 있었습니다. 잠들더라도 책상에 누워서 잠들었습니다. 침대 옆에도 항상 책이 있었습니다. 그렇게 5년 동안 책 위에서 잠이 든 날도 많았습니다.

이제 가정에 돌아오면 마음이 편안해졌습니다. 가족들간에 대화를 많이 하고 독서를 할 수 있는 분위기가 형성되었습니다. 가족들 모두 책을 보는 습관을 갖게 되었습니다. 그러다보니 '책'이라는 공통의 대화거리가 생겨나게 되었습니다. 회사 일도 더 잘되고 집중할 수 있었습니다. 회사에서 성과가 좋아지니 가정에도 더 신경 쓸 수 있는 선순환이 일어나게 된 것입니다.

환경이 중요합니다. 그 시작은 가정에 있습니다. 가정에서 온전한 휴식을 취하고 행복의 에너지를 충전할 수 있을 때 자신의 일에 집중할 수 있습니다.

우리가 외모를 가꾸듯이 주변 환경을, 특히 가정 환경을 아름답게 가꾸어야 합니다. 마치 꽃밭에 물을 주듯이 관심과 사랑을 꾸준히 쏟아야 합니다. 그러면 꽃이 피고 열매가 열립니다.

그리고 습관을 변화시켜야 합니다. 무의식적으로 텔레비전을 켜고 시간을 보내면 남는 게 하나도 없습니다. 이에 비해 책에는 5천년 인류의 지혜가 고스란히 녹아있습니다. 처음 습관을 들이기가 어렵지 일단 한번 습관이 들면 삶의 풍성함을 얻게 됩니다.

처음 텔레비전을 팔아버렸을 때 세상에 뒤처지지 않을까라는 걱정도 했지만 결과는 전혀 그렇지 않았습니다. 오히려 독서를 통해 더 아는 것이 많아지고 세상 돌아가는 것을 더 잘 파악 할 수 있게 되었습니다.

유행이나 트렌드는 사회생활 속에서 사람들과 대화를 하다 보면 자연스럽게 터득하게 됩니다. 모르는 것들은 그때 그때 인터넷을 찾아보면 됩니다. 텔레비전을 보는 시간을 독서하는 시간으로 바꾸게 될 때 우리는 가장 귀중한 자산인 시간을 '생산'하게 되는 것입니다.

변화를 원하시나요?
나부터 바뀌어야 합니다

> 외모를 가꾸듯이 주변 환경을, 특히 가정 환경을 아름답게 가꾸어야 합니다.

Chapter8

인내의 땀을 흘리면
인생이 빛이 난다

인내라는 보석을 찾아
인생을 밝힌다

　미켈란젤로는 '최후의 만찬'을 완성하기 위해 2천 번의 스케치를 무려 8년 동안 했습니다. 작곡가 하이든은 8백여 개의 작품을 작곡했습니다. 그 중 가장 널리 알려진 '천지창조' 라는 오라토리오는 800여 개의 곡을 쓴 후 66세에 작곡한 작품입니다. 우리가 즐겨 먹는 꿀 한 숟가락은 꿀벌이 4천 2백 차례나 꽃을 왕복하며 얻은 것입니다.

　성공을 위한 필수의 가치는 바로 '인내'입니다. 성공한 사람들 치고 인내의 땀을 흘려보지 않은 사람은 없습니다.

직장생활을 하다 보면 누구나 다른 사람들과 의견충돌이 생기게 됩니다. 특히 힘든 일을 겪으면 인내의 깊이를 알게 됩니다.

나 역시도 두 번이나 자살을 생각한 적이 있었습니다. 그때 나를 붙잡아 준 것은 '인내'의 마음가짐이었습니다.

첫번째 정말 힘들었던 경험은 '주식형펀드'가 우리나라에 처음 들어왔던 1980년대의 일입니다. 지점에만 주식형 단말기가 있었던 시절, 나는 새로운 상품이 나오면 정말 열심히 세일즈를 했습니다. 일년 동안 회사 전체에서 1등을 했습니다.

그런데 노태우, 전두환 비자금 사건이 발생하면서 주식시장이 망가지기 시작했고 급기야는 아수라장으로 변하고 말았습니다. 펀드 원금이 빠진 것은 그때가 처음이었습니다. 고객들은 "원금 내놔! 내 돈 내놔!" 하며 객장 안으로 와서 컴퓨터를 집어 던지기까지 했습니다. 나는 그런 고객들을 피해 옆에 있는 D증권사 객장에 숨어있기까지 했습니다.

직업이 보험설계사인 어떤 고객은 욕을 하고 호통을 치며 4

시간 동안 사무실을 난장판으로 만들기도 했습니다. 그런 환경에서 매일 사람들과 실랑이를 하고 심지어 도망 다니기까지 하다 보니 불면증이 왔습니다. 몇 달 사이에 10kg이 빠졌습니다. 해 줄 수 있는 말이라고는 '기다리세요' 밖에 없었습니다. 정말 정신적으로 육체적으로 힘든 시간이었습니다.

사실 요즘은 주식시장이 하락하거나 펀드에서 원금손실을 보아도 고객이 증권사 직원을 욕하며 괴롭히거나 호통을 치는 경우는 드뭅니다. 투자자도 자신의 책임을 인정하는 투자 문화가 많이 성장했기 때문입니다. 하지만 그 당시만 해도 펀드가 처음 도입되었기 때문에 펀드에 대한 개념이 생소했고 상상도 하지 못할 일들이 증권사 객장에서 벌어지기도 했던 것입니다.

그런데 저의 마음을 정말 아프게 한 것은 직장상사의 말이었습니다.

"누가 이렇게 무리해서 펀드를 팔았어!?"

객장에서 문제가 발생하자 상사가 오히려 나에게 호통을 치는 것이었습니다. 살면서 처음으로 '배신감'을 느껴보았습니다. 늘 자리에 앉아서 주가 단말기만 보면서 '열심히 하기만 해. 다른 건 내가 책임질게!' 라고 이야기 했던 상사가 상황이 어려워지자 180도 태도가 바뀐 것이었습니다.

그때 신입사원으로 지금의 나의 아내가 입사했습니다. 1년 만에 친해져서 결혼하기로 약속한지 한 달도 안 된 시점이었습니다.

그 당시 조선일보에서 금융상품을 판매한 후 손실이 발생하면 판매한 직원에게 구상권을 행사해야 하지 않느냐? 라는 기사가 난 적이 있는데, 그 이후로 이러한 민원이 많이 발생했습니다. 당시 큰 민원을 넣었던 회장님의 집 밖에서 4시간을 기다린 일이 있었습니다. 사모님이 나오셔서 잠깐 들어오라고 하셨습니다.

"회장님 살려주십시오. 아드님이 열심히 금융계에서 일하다가 민원을 받았다고 생각해 보십시오. 자라나는 새싹을 꺾은 것이나 다름없지 않습니까. 저를 아들이라고 생각하고 한번만

재고해 주십시오."

나는 회장님께 무릎을 꿇고 간곡히 하소연 했습니다. 그때 집사람은 밖에서 기다리고 있었습니다.

다음날 기적이 일어났습니다. 회장님께서 회사를 찾아오신 것입니다. 민원을 취하하시며 마지막으로 '나를 잊지 마라' 라는 한 마디를 하셨습니다. 나는 호의에 보답하여야겠다라고 생각하고, 그날부터 미친듯이 경제신문을 보기 시작했습니다.

당시 주가지수 1,000p였을 때 가입하였고 얼마 지나지 않아 주가는 500p로 반토막이 났습니다. 다행히도 500p에서 750p에 도달했을 때 원금을 찾을 수 있었습니다. 그리고 다시 500p로 내려갔을 때 재매수하여 1,000p에 매도하였습니다. 그래서 다행히 +1억 5,000만원으로 회장님의 계좌를 '손실'이 아닌 '이익'으로 마무리 지을 수 있었습니다.

그때 배운 게 인내였습니다. 고객들이 소리지르고 경찰을 부른다고 할 때 죽고 싶다는 생각이 들었지만, 그럴 때마다 길바닥에서 장사하시는 아버지를 생각하며 참고 견디었습니다.

그 이후 원금손실의 위험이 있는 '주식형 펀드'는 절대 팔지 않고, 안전한 '채권형 펀드'만 팔겠다고 다짐했습니다. 그렇게 비교적 안정적인 채권형 펀드만을 투자자들에게 권해 주었습니다.

그런데 몇 년 후 대우사태가 터졌습니다. 한국 경제를 이끌던 대우그룹이 부도가 난 것이었습니다. 또 한번 금융시장에 일대 폭풍이 몰아쳤습니다.

1999년의 어느날, 신문과 방송에 대우부도 사태가 보도되기 바로 전날 밤에 회사에서 비상연락망을 통해서 긴급 연락이 왔습니다.

"내일 새벽 6시까지 회사로 나오라. 지금 대우가 부도쪽으로 가는 것 같다."

새벽에 출근하며 상황을 보니 대우채권이 들어있는 고객들의 서비스가 동결되어서 돈을 못 빼는 상황이었습니다.

고객들은 아침에 지점 문이 열리자마자 난리가 났습니다. 제재소 사장님 한 분은 제재소가 당장 부도나게 생겼다며 '내 돈 내놔!' 하며 사무실 책상을 두드리며 고래고래 소리를 질렀습니다. 한 달 동안 고객들의 불만을 항의는 끊이지 않았습니다.

모 신문사 국장께서도 '원금 물어내!' 라며 두 달 동안 찾아오시고 수시로 항의 전화를 하였습니다. 정말 괴로워서 죽고만 싶었던 시절이었습니다.

그렇게 한달이 지나자 몸이 점점 이상해 졌습니다. 불면증이 와서 하루 두 시간씩 밖에 잠을 못 잤습니다. 눈을 뜨면 눈이 빨개졌습니다. 이번에는 몸이 어딘가 정말 이상해진 것 같았습니다. 몰려오는 민원 생각으로 새벽마다 잠이 깼습니다.

더 이상 견딜 수 가 없어서 성모병원을 갔더니 당장 입원하라고 했습니다. 한 달을 입원해야 한다고 했습니다. 입원한 처음 이틀 동안은 잠들어서 깨어나지 못했습니다. 스트레스로 인한 급성 간염인데 간 수치가 너무 높다는 것이었습니다. 꼬박 한 달을 입원해 있었습니다.

죽고 싶다는 생각이 들었습니다. 고객들이 정말 미웠습니다. 나는 최선을 다해서 상담과 투자에 도움을 줬는데 돌아온 것은 항의와 비난 뿐이었습니다.

어디까지 참아야 하는가? 화도 나고 슬펐습니다. 그만두고 싶었습니다. 증권사 직원은 투자에 도움을 주는 사람인데 주식시장이 하락하고 회사가 부도났다고 이런 식으로 직원을 괴롭히다니! 해도해도 너무 한다는 생각이 들었습니다.

병원에 입원해서 출근을 못하게 되자 고객들 중 모 법원의 부장판사 사모님께서 다른 고객들을 설득시켜 주셨습니다.

"대우그룹이 무너진 것이 박인규 계장 책임이 아니지 않습니까? 박인규 계장은 증권사 직원으로서 최선을 다한 것이고 회사가 부도난 것은 누구도 예측하기 힘든 것 아닙니까?"

고객들이 병원비를 다 대주었습니다. 그때 나는 눈물을 흘리며 울었습니다. 세 시간 동안 눈물이 멈추지 않았습니다. 진정한 마음으로 대해주면 상대방도 언젠가는 알아준다는 진리를 깨우쳤습니다. 친척들도 찾아오지 않는 병원에 고객들이 찾아

와서 위로를 해주었습니다. 입원해 있으면서 '고객이란 누구인가?'에 대해 생각해 보았습니다. 그리고 내가 '회사에 있는 한, 그들에게 최선을 다해 줘야지'라고 마음 먹었습니다.

이렇게 큰 일을 겪고 나서 참고 버티다 보니 좋은 시절이 왔습니다. 주식시장은 상승했고 노력한 만큼 큰 보상을 받았습니다. 그리고 주식가격이 폭락하고 대우사태를 맞으면서도 끝까지 최선을 다했던 것을 인정받아 고객들이 지속적인 거래를 해주었습니다. 인간적으로도 친분을 유지하게 되었고 휴먼 네트워크가 형성된 것입니다.

누구나 어려운 시기가 있습니다. 그러나 위기와 기회는 동전의 양면과 같다는 사실을 잊어서는 안됩니다.

> 누구나 힘든 순간이 찾아옵니다. 그때 인내를 갖고 버티면 반드시 보석같은 기회의 시간이 찾아옵니다. 위기가 바로 새로운 기회의 순간입니다.

Chapter 9

땀을 흘렸다면
반드시 쉬어야 한다

삶의 속도가 너무 빠르면
조절할 줄도 알아야 한다

많은 기업들이나 부자들이 무너지고 마는 경우를 보게 됩니다. 잘 나가는 기업이나 부자들이 무너지는 이유 중 하나는 '속도' 때문입니다. 더 빠르게 성공하고 싶고 더 멀리 가고 싶기 때문에 달립니다. 그러면 가속도가 붙게되고 마침내는 그 속도를 못 이기고 나가 떨어지게 됩니다. 그래서 우리는 인생에서 휴식이라는 브레이크를 가져야 합니다.

사람들은 일이 잘 되면 더 열심히 합니다. 그런데 그 가속도가 삶을 망가뜨리기도 합니다. 삶의 의미와 가치가 매몰되는 것입니다. 일상이 바빠지면서 삶의 속도가 빨라지고 바쁠 수록 원심력이 생겨서 '삶의 중심'에서 멀어지게 됩니다.

그런 큰 위기를 겪고나서부터 나는 '절대 무리하지 않는다'라는 원칙을 마음에 두고 몸 관리와 정신 관리를 해왔습니다. 그리고 항상 규칙적으로 생활을 했습니다.

특히 모임이나 술자리가 있을 때 2차를 안 갑니다. 가자고 하면 도망나와 버립니다. 왜냐하면 중요한 이야기들은 1차 때 이미 다 했기 때문입니다. 맑은 정신에서 해야 될 이야기들은 이미 다 하고 2차에서는 보통 술에 취해 무슨 말을 했는지조차 다음날 기억도 못하는 경우가 많습니다. 사회생활을 오래해보니 무리하면 안 된다는 진리를 터득했습니다.

규칙적인 생활을 하는 데에도 원칙이 있습니다. 6일은 정말 열심히 삽니다. 항상 고객관리에 최선을 다합니다. 본사에서 근무 할 때에도 지점에서 만났던 고객들과 기업체 사장님들을 수시로 만났습니다. 그리고 주일은 쉽니다. 책을 읽고 교회에 가고 나만의 시간을 갖습니다. 그러다 보면 장기간 규칙적인 생활을 해야 성공을 지속할 수 있습니다.

일을 할 때에도 원칙이 있습니다. 일단 프로젝트의 중요도를 분류합니다. 긴급의 중요도 별로 분류해서 맞춰 놓습니다. 긴급하고 중요하면 순발력 있게 빨리 착수합니다. '멍 때리고' 있으면 안 됩니다. 전략적으로 포기해야 할 것들은 과감하게 포기해 버립니다. 아예 안 하는 전략입니다. 내가 갖고 있는 시간은 한정되어있기 때문에 모든 일에 있어서 시간 관리를 항상 생각합니다.

회사를 다니면서 카이스트 대학원(EMBA)을 다닐 때에는 금요일 저녁과 토요일에 수업이 이틀 있었습니다. 당시 대학원생들 모두가 다 열심히 공부했습니다.

나는 우선 순위가 회사일이었기 때문에 회사일에 에너지를 집중했습니다. 그리고 내가 흥미를 느끼고 재미있는 과목에 집중해서 A를 받고, 다른 흥미 없는 과목들은 B를 받았습니다.
자원 배분이 중요합니다. 리소스에 따른 시간 배분을 해야 합니다. 시간과 에너지는 정해져 있다는 사실을 명심하고 나의 역량을 정확히 파악해야 합니다. 나는 통계수업이나 내가 잘 못하는 분야면 잘하는 사람들에게 부탁도 했습니다. 에너지를 절약하면서 잠도 틈틈이 잤습니다.

'쉬는 것도 요령이다.'

차량으로 이동할 때 후배들 도움을 받고 조금씩 잤습니다. 협상을 할 때처럼 나의 가치를 극대화 해야 할 때가 있습니다. 그럴때는 틈틈이 쉬어 주어서 에너지를 비축해 두어야 합니다. 그래야 정말 결정적인 순간에 더 큰 에너지가 나오게 됩니다.

직장생활을 하는 동안 우리 아이들이 내가 다니는 회사에 들어올 수도 있다고 생각해 봅니다. 그러면 내가 부끄러움 없는 행동을 해야겠다는 마음이 생겨납니다. 직장 선배로서의 꿈과 열정을 보여주어야 합니다. 노력하는 아버지의 모습을 보여주기 위해 더 열심히 노력해야만 합니다.

아인슈타인을 천재로만 알고 있지만 그는 휴식의 중요성을 누구보다 잘 알고 있는 사람이었습니다. 아인슈타인에게 제자들이 질문했습니다.

"선생님의 그 많고 위대한 학문은 어디서 왔습니까?"

아인슈타인은 손 끝에 한 방울의 물을 떨어뜨렸습니다. 바다에 비한다면 자신의 학문은 한 방울의 물에 지나지 않는다고 대답했습니다. 제자들은 다시 질문했습니다.

"그러면 선생님은 어떻게 성공하셨나요?"

아인슈타인은 S=X+Y+Z 라고 썼습니다.
여기서 S는 성공입니다. 그리고 X(침묵)는 말을 많이 하지 않는 것입니다. 말하기보다는 말하고 싶은 것을 적는데 많은 시간을 투자해야 한다는 말입니다. Y(일함)는 일과 생활을 즐기는 것입니다. 그리고 Z(휴식)는 한가한 시간을 가지는 것입니다.

매일 아침 5시면 일찍 일어나는 나의 습관을 알고 있는 직원들은 이렇게 질문을 합니다.

"상무님, 어떻게 하면 아침형 인간이 될 수 있나요?"

일찍 일어나는 생활의 비밀 또한 휴식에 있습니다. 일찍 일어나려면 일찍 자야 합니다. 억지로 잠을 줄이려고 하면 안됩니다. 그리고 주말에는 충분한 휴식을 취해야 합니다.

아침에 피곤하다고 호소하는 직원들은 대부분 늦게 잡니다. 그리고 개개인에 따른 적정 수면시간(7~8시간)은 생각하지 않은 채 억지로 잠을 줄이려고 합니다. 주말에는 술을 마시거나 유흥에 에너지를 소모하는 경우가 많습니다. 아침형인간이 되고 싶다면 평소에 일찍 자고 주말에 충분한 재충전의 시간을 가져야 합니다.

> 창의력을 갖고 싶으세요? 아침형 인간이 되고 싶으세요? 억지로 잠을 줄여 몸을 혹사시키지 말고 몸과 마음의 휴식을 습관화 하세요.

Chapter 10

포기하지 않는다면 결실을 얻는다

난관은 낙담이 아닌 분발을 위한 것이다.
인간의 정신은 투쟁을 통해 강해진다.

……

Difficulties are meant to rouse, not discourage.
The human spirit is to grow strong by conflict.
- 윌리엄 엘러리 채닝 William Ellery Channing

역사는 포기한 자를
기억하지 않는다

　세계 최고의 경영대학원 와튼스쿨(Wharton School)의 모토가 '실패를 두려워하지 마라'입니다. 실패하면 창피합니다. 그래서 많은 사람들이 도전을 아예 안 하는 경우가 많습니다.

　힘들면 포기하고 싶습니다. 나 또한 인생에서 몇 차례 자살 시도를 한 적이 있다고 이미 밝혔습니다. 그런데 정작 중요한 것은 힘들 때 포기하면 안 된다는 것입니다.

　힘든 일을 많이 겪다 보니 지금은 내공이 생겼고 아무리 힘든 일이 있어도 죽고 싶다는 생각은 절대 하지 않습니다. 힘들 때마다 나는 강영우 박사의 ≪우리가 오르지 못할 산은 없다≫를 읽었던 기억을 떠올립니다.

나는 ≪우리가 오르지 못할 산은 없다≫를 20번 읽었습니다. 저자인 강영우 박사는 초등학교 6학년 때 돌을 맞아서 맹인이 되었습니다. 대한민국이 먹고 살기 힘들었던 시기에 맹인이 선택할 수 있는 직업은 두 가지였습니다. 안마사를 하거나 점자를 가르치는 일을 하는 것이었습니다.

그런데 강영우 박사는 자신만의 꿈을 갖고 있었습니다. 공부를 해서 가르치고자 하는 꿈이었습니다. 손가락이 벗겨질 때까지 점자판을 읽고 또 읽고 공부했습니다. 공부를 열심히 해서 교수를 하고 싶었는데 한국에서는 교수를 안 시켜 준다고 하여 미국으로 갔습니다. 그리고 결국에는 백악관 차관보까지 하게 됩니다.

책 속에는 다음과 같은 문구가 나옵니다.

"세상에서 내가 제일 존경하는 우리 아버지. 불을 끄고서도 글을 읽어줄 수 있는 우리 아버지."

이 대목을 읽을 때마다 나는 눈시울이 붉어집니다. 책을 읽고 스스로가 창피했습니다.

'눈이 안보이는 분도 공부를 하는데, 두 눈 멀쩡한 사람이 왜 이렇게 불평만 하고 살았던가!'

나는 강박사님을 만난 적도 없지만 항상 그 분을 생각합니다. '책이 정신적인 지주다. 내가 왜 못하는가?'라는 생각을 해보고 앞에 주어진 일을 그냥 하는 것 입니다.

미국의 어느 세미나에서 강사가 이렇게 말했습니다.

"여러분, 발명왕 에디슨을 생각해 보십시오. 얼마나 많은 실패를 했습니까? 그래도 에디슨이 포기했습니까?"

수강생들은 대답했습니다.

"포기하지 않았습니다."

"비행기를 처음 만든 라이트 형제도 실험에 많은 실패를 했습니다. 라이트 형제가 포기했습니까?

"포기하지 않았습니다."

강사가 또 이렇게 물었습니다.

"루이 브라이언이 포기 했을까요?"

그러자 사람들은 가만히 있었습니다. 루이 브라이언이 누군지 몰랐던 것입니다. 한 사람이 물었습니다.

"강사님 루이 브라이언이 누구입니까?"

강사가 대답했습니다.

"루이 브라이언은 포기한 사람입니다."

역사는 포기한 사람을 기억하지 않습니다. 영국의 수상 윈스턴 처칠은 인생의 가장 중요한 교훈을 한 문장으로 압축했습니다. 그것은 'Never give up, Never, Never give up'이란 말입니다.

"절대로 포기하지 말라. 절대로, 절대로 포기하지 말라."

성공이란 포기하지 않는 자의 것이고, 실패는 포기한 자의 것입니다. 성공은 포기한 사람에게 절대 찾아오지 않습니다. 포기하지 않으려면 실패를 두려워하지 않아야 합니다. 진정한 실패는 두려움 때문에 포기하는 것입니다.

나는 작은 일에도 목표가 있다면 최선을 다합니다. 인생의 몇가지 경험을 통해 목표를 바라보고 절대로 포기하지 않는다는 열망이 있다면 반드시 이룰 수 있다는 믿음이 생겼습니다.

나는 건국대 부동산 대학원을 삼수해서 들어갔습니다. 보통은 한두 차례 떨어지면 자존심이 상하거나 해서 포기하게 마련입니다. 나도 물론 자존심이 상했습니다. 그래도 금융과 부동산의 중요성을 체험했기 때문에 나에게 꼭 필요한 공부라고 생각했고 반드시 공부를 해 보겠다고 결심했습니다. '역사는 포기한 자를 기억하지 않는다'라는 말을 가슴속에 새기고 다시 도전했습니다. 그리고 마침내 합격했습니다.

내가 금융업에서 부동산의 중요성을 깨우치게 된 계기가 있습니다. 나는 전세만 10년 살았습니다. 전세금이 계속 올라가자 전세 뺀 돈으로 갈 데가 없었습니다. 그럼에도 아이가 셋이다 보니 30평대 집을 얻고자 하는 간절한 열망이 있었습니다. 아내가 계속 이렇게 불평을 합니다.

"여보, 전세는 이제 지겨운데 작아도 우리 집이 있었으면 좋겠어요."

서울시내 집은 2001년 9.11테러 전까지 천정부지로 뛰었습니다. 내가 살던 신당동 전세도 1억에서 2억으로 뛰었습니다. 집을 비워주어야 했는데 두 달 남긴 상황이었습니다. 전 재산은 전세금 1억과 보험금을 합쳐 총 2억 뿐이었습니다.

우리가 가진 돈으로 서울에서 집을 구하기는 힘들었습니다. 그래도 집을 꼭 구해야겠다고 마음 먹었기에 애들 셋을 업고 집을 보러 돌아 다녔습니다. 구체적인 목표를 갖고 열심히 뛰었습니다. 직접 평일과 주말에 부동산을 방문하며 정보를 얻었습니다. 그러나 6개월 이상 서울시내의 갈만한 곳은 모두 돌아 다녀보았으나 집을 구할 수 없었습니다.

집을 구하겠다는 마음이 너무 간절하니까 꿈에서도 집을 보러 다녔습니다. 그런데 하루는 꿈에서 어떤 집이 머리 속에 들어왔습니다. 자고 일어났는데도 잔상이 있었습니다. 지금도 생생하게 기억이 납니다. 토요일이었는데 아침에 일어나 지도를 살펴 보았습니다. 분명히 무슨 입구였는데 '워커힐' 이나 '태릉' 인 것 같았습니다.

당시 상황은 절박했습니다. 이제 얼마 안 있으면 길바닥에 나앉을 판이었습니다. 태릉은 가본 적이 없는 동네였지만 지푸라기라도 잡는 심정으로 가봤습니다.

놀랍게도 꿈에서 봤던 장소였습니다. 공인중개사를 만나서 이야기해보니 2억 5천만원까지 갔던 것인데 9.11테러가 터져서 2억 500만원까지 가격이 떨어졌고 지금 사면 무조건 이익을 본다는 것이었습니다. 10층이었는데 육사가 보이는 남향이었습니다.

우리가 가진 전세금 정도의 돈을 가지고 살 수 있는 좋은 집을 발견한 것이었습니다. 다섯 식구가 모두 편하게 지낼 수 있는 아늑한 공간이었습니다. 그것도 서울 시내에서 말입니다. 바로 계약을 하게 되었고 그때부터 부동산 공부를 시작했습니다.

열심히 뛰어다니다 보니 무엇인가 이루어진 것입니다. 만약 그냥 계산기만 두둘겨보고 불가능할 것이라 생각하고 포기했다면 집을 살 수 없었을 것입니다. 그러면 부동산을 공부하지도 않았을 터이고 부동산에 대한 안목도 생기지 않았을 것입니다.

포기하지 않고 직접 뛰어다녔던 경험이 저를 부동산 전문가로만들어 주었고 여기저기에서 강연도 하고 또 여러 건의 부동산 투자에 성공할 수 있게 해 준 계기가 된 것입니다.

대한민국에서는 포기하지 않으면 성공하게 됩니다. 여러분도 포기하지 않는다면 성공할 수 있습니다.

원하는 것이 있다면
절대로 포기하지 말자
결과가 나올 때까지 기다리는 것은 힘들다
하지만 나중에 후회하는 것은
더 큰 고통이 따른다

……

Never give up something you want

It is difficult to wait

But it is even harder to regret

> 대한민국에서는 포기하지 않으면 성공하게 됩니다. 여러분도 할 수 있습니다.

여러분은 인생에서

어떤 씨앗을 뿌리고 계신가요?

PART 3

힘 Power

사람과 독서가
나의 힘이다

Chapter 11

주변 사람들의 능력을
200% 끌어낸다

사람과의 관계는
'경청'으로 시작된다 - 네트워크의 힘

강철왕 카네기가 부자에 대해 이야기한 말은 내 삶의 귀감이 되었습니다.

"진정한 부자란 본인만 부자가 되어 버린 사람을 말하는 것이 아닙니다. 본인과 함께 일한 사람, 주변 사람들과 함께 부자가 되어 있는 사람이 진정한 부자입니다."

나 또한 주변에 많은 부자들을 보아 왔지만, 혼자만 부자인 사람, 남들은 손해 보게 해놓고 자신만 이익을 취한 사람, 함께 열심히 일한 사람을 버린 사람들은 결국 일이 잘 안되어 그 대가를 치르는 경우를 많이 보았습니다.

카네기의 명언을 접하면서 나는 '주변사람들을 부자로 만들어 주어야겠다'라고 결심했습니다. 그리고 내 주변의 친구, 선후배, 지인들을 생각해보니 그들 모두 고유의 장점이 있는데 그것을 빨리 발견하도록 도와줘야겠다는 생각을 했습니다.

어떻게 해야 할지 고민하다보니 일단 '사람들의 이야기를 잘 들어 주는 것이 우선이다' 라는 생각이 떠올랐습니다.

만나는 사람들마다 어떤 것에 관심이 있는지 꿈과 고민이 무엇인지를 진지하게 경청했습니다. 그리고 내가 무엇인가 작은 도움이라도 될 수 있는 것이 있는지 생각하면서 작은 것부터 실천해 나갔습니다.

듣고 이야기하다 보면 뭔가 나오게 됩니다. 하나금융그룹에서 온라인 자산관리 서비스(멘토스)를 만들 때도 그러했고, 하나금융지주에서 스마트홍보대사(스마홍)를 만들 때도 그러했습니다.

당시 나의 직속 상사(전무)께서 '세상에 딱 하나밖에 없는 행사를 해보아라'라고 특령을 내렸습니다. 그런데 어떤 것을 해야할지 아이디어가 떠오르지 않았습니다. '혼자 고민하지 말고 힘을 모으자. 아이디어가 생명이다'라고 생각하고 직원들과 허심탄회하게 이야기하는 자리를 가졌습니다.

팀원들과 그리고 대학생 알바생들과도 수시로 가벼운 티타임을 가졌습니다. 일 이야기만 하는 것이 아니라 그들의 고민을 진심으로 들어주었습니다. 그러면서 삼삼오오 모여서 자연스러운 브레인스토밍의 시간을 가졌습니다.

이야기를 들어주며 티타임을 갖다 보니 평소에 말을 한마디도 안하던 김모 과장이 대학생들을 뽑아서 송금 이벤트를 해보자는 아이디어를 냈습니다. 그래서 생각해 낸 것이 '기네스에 도전하라'는 것이었습니다. 하나 N-WALLET이라는 모바일 뱅킹을 이용해서 '릴레이 송금' 이벤트 마케팅을 해보기로 했습니다.

고려대의 20개 동아리를 참가시켜서 가장 먼저 송금한 팀에게 장학금을 주기로 했습니다. 기네스에 도전하는 제목은 '최단시간에 최다인원 최다송금'으로 정했습니다. 200명이 옆으로 송금해서 다시 돌아왔고 그리고 마침내 장애우 학생에게 장학금을 지급해 주었습니다.

이것이 기네스북에 올랐고 대한민국의 거의 모든 신문사가 취재하러 왔습니다.

"하나금융그룹, 전자지갑 릴레이 송금으로 기네스북 등재!"

부하 직원의 작은 아이디어로 엄청난 프로모션이 실행된 것이었습니다. 회장님께 보고를 하니 '수고했어. 한 건 했네!'라는 축하와 격려를 해주셨습니다.

고민하고 있는 문제를 사람들과 허심탄회하게 이야기 해 볼 때 좋은 아이디어를 얻게 되는 경우가 많습니다. 경청을 통해 상대방의 고민을 들어주고 능력을 키워주게 되면 나 또한 도움을 받게 됩니다.

주변 사람들은 내가 갖고 있지 못한 것들을 갖고 있을 수도 있습니다. 혼자서는 부족하기 때문에 경청하고 포인트를 잡을 수 있는 능력, 실행할 수 있는 능력이 있다면 주변사람들의 능력을 활용할 수 있습니다.

나는 내가 가진 좋은 지식이나 금융정보를 주변사람들에게 제공해 줍니다. 내가 직원들에게 해 줄 수 있는 것은 공부를 할 수 있는 여건을 마련해 주는 정도입니다. 직원들에게 평생 공부의 중요성을 일깨워주고 직원들로 하여금 스스로 대학원을 가서 공부하게 했습니다.

주변 사람의 지식이 성장하면 나의 지식도 성장하게 됩니다. 성공하기 위해서는 주변 사람과 함께 해야 합니다.

> 자신과 함께 일한 사람, 주변 사람들과 함께 부자가 되어 있는 사람이 진정한 부자입니다.

성공하기 위해서는 주변 사람들과 함께 해야 합니다.

Chapter 12

건강한 육체에서
성공의 씨앗이 자란다

건강한 육체에 건강한 정신이 깃든다
- 유베날리스(Juvenalis)

우리는 건강의 중요성을 알고 있습니다. 하지만 몸에 대해서 관심을 기울이는 경우는 많지 않습니다. 따져보면 하루의 대부분을 회사나 학교에서 보내는데 건강을 위한 운동과 관리를 하는 시간은 하루에 1시간이 안 되는 경우가 대부분입니다.

나 또한 회사 일이 바쁘다는 핑계로 운동을 하지 않을 때는 아침이 항상 피곤했고 일찍 일어나지 못했습니다. 가정 파탄의 위기 이후 삶을 바꿔보고자 매일 아침 윗몸일으키기를 100개씩 하고 난 이후에는 머리가 맑아지고 아침에 일어나는 것이 상쾌해졌습니다. 회사에서도 짜증이 덜 났습니다. 집중력이 생기니 일이 더 잘되고, 피로를 잘 느끼지 않으니 야근해도 밝은 모습으로 귀가 할 수 있었습니다.

로마의 시인 유베날리스(Juvenalis)가 했던 말, '건강한 육체에 건강한 정신이 깃든다' 라는 말을 이해하게 되었습니다. 강한 정신력은 강한 체력에서 나오는 것이었습니다.

또한 주변의 성공한 CEO들을 관찰해 보니 놀라운 공통점을 발견할 수 있었습니다. 그분들 모두가 건강한 신체를 갖고 있으며 관리를 꾸준히 한다는 것입니다. 등산 등의 운동을 주기적으로 하고 몸을 망가뜨리는 술이나 담배를 안하는 경우가 많습니다. 놀라운 사실은 50~60대의 사장님들이 젊은 사람들보다도 체력이 좋은 경우가 많다는 것입니다.

아들 종혁이가 초등학교 4학년 때 몸이 뭔가 이상한 듯 하여 대학병원에 데리고 갔습니다. 여러가지 검사를 받은 후 의사선생님이 조용히 보호자를 불렀습니다. 그때 선생님의 한 마디를 듣고 나는 심장이 무너지는 듯했습니다.

"아이의 성장판이 멈추었습니다."

"네?! 성장판이 멈추다니요? 그럼 이대로 성장을 할 수 없게 된다는 말인가요?"

종혁이의 키가 당시 150이었고 병원에서는 더 이상 키가 크기 힘들다고 했습니다. 유일한 치료법은 뼈 주사를 맞아 보는 것이었는데 그것 역시 결과를 장담할 수 없다고 했습니다. 당시에도 형편이 넉넉하지는 않았지만 한 달에 무려 150만원씩

드는 뼈 주사를 2년 동안 맞게 하였습니다. 그래도 아무런 진전이 없었습니다.

종혁이는 캐나다로 유학을 가야 하는데 병원에서는 치료를 계속해야 한다고 했습니다. 병원을 6개월에 한번씩 들어오라고 했습니다.

그러던 어느날 문득 '성장판이 멈춘 원인이 스트레스에 있다면 스트레스를 받지 않게 해주면 되지 않을까?' 라는 생각이 들었습니다.

우리 부부는 아이가 더이상 학원과 공부로 인한 스트레스를 받지 않게 해 주었습니다. 날마다 아이를 위한 기도를 잊지 않았습니다. 약을 쓰레기통에 던져 버리고 그날부터 수영을 하루에 3시간씩 시키며 아이가 자유롭게 뛰놀도록 했습니다.

어떻게 됐을까요? 병원에서 성장판이 멈췄다고 진단받은 아이가 지금은 키가 176 이상 자랐고 지금도 계속 크고 있습니다. 종혁이의 병이 낫게 해 준 것은 약이 아닌 운동이었고 자유였습니다.

우리 삶은 단거리 달리기가 아닙니다. 큰 성공을 했지만 건강관리를 잘못해 후회하다가 삶을 제대로 누리지 못하고 세상을 일찍 떠난 분들을 많이 봤습니다. 건강관리, 회사일, 공부, 가정이 조화를 이루어야 합니다. 어느 한 쪽으로 치우치게 되면 이상이 생기게 되고 삶 자체가 무너져 버립니다.

집중력이 약하거나 피로를 느끼고 짜증이 난다면 스스로의 몸을 되돌아 보세요. 꾸준한 운동을 통해 몸을 가꿀 때 강한 정신력을 갖게 됩니다.

삶의 가장 중요한 조건 중 하나인 '건강'을 관리하는데 시간과 공을 들여야 합니다. 나는 건강에 최소 하루에 1시간 운동을 원칙으로 삼고 있습니다.

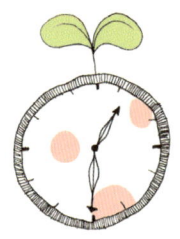

운동은 하루를 짧게 하지만,

인생을 길게 해준다.

-조스린-

시간과 물질이 모두 중요하듯
씨앗에 물을 주고 비료를 줘야 하듯,
우리 몸을 가꾸어야 한다.
나는 내 몸에 얼마나 많은 관심을 갖고 있는가?

Chapter 13

만권의 책을 읽고
지식네트워크를 만든다

좋은 책을 읽는 것은 과거 몇 세기의 가장 훌륭한 사람들과
이야기를 나누는 것과 같다.

……

The reading of all good books is like a conversation with
the finest men of past centuries.
- 르네 데카르트 Rene Descartes -

한 분야의 책을 10권 읽으면 전문가가 되고
100권을 읽으면 무조건 성공한다
- 독서의 힘

10여년 전의 일입니다. 남대문 지점에서 근무할 때 숙명여대 음대 학장을 역임하신 구두회 교수님을 알게 되었습니다. 고객과 직원이라는 관계로 만났지만 이야기를 나누다보니 친분이 생겼습니다.

구교수님께서는 어렸을 때 고아로 교회에서 자랐고 돈이 없어 교회에서 이런저런 일을 하면서 피아노를 배웠다고 합니다. 교회에서 먹여 살려줬고 그 덕에 서울대 음대를 졸업하게 되었습니다. 그곳에서 노력하고 재능을 인정받아 줄리아드 음대까지 가게 되었습니다.

나는 명절 때마다 직접 고객들에게 과일 배달을 합니다. 고객들을 단 한번이라도 더 만나기 위해서입니다. 하루는 구두회 교수님댁을 방문했는데 그곳에서 깜짝 놀란 적이 있습니다.

교수님 댁은 양재동의 평범한 2층 빌라였습니다. 집에 들어가자마자 가족사진과 학사모와 책들이 엄청나게 진열되어 있었습니다. 구박사님, 사모님, 아들딸, 며느리가 모두 박사였기 때문에 학사모를 쓰고 찍은 사진들이 나란히 있었고 책들의 수도 엄청났습니다.

'이게 다 뭐지?'

집안에서는 그야말로 '공부하는' 분위기가 느껴졌습니다. 인사를 드리고 사모님이신 할머니와 이야기를 나누는데 할머니의 말씀에 또 한번 큰 충격을 받았습니다. 할머니께서는 아이들을 가르치느라고 공부를 못했다고 하셨습니다. 그래서 60세에 미국에 가서 석사를 하셨습니다. 영어 공부는 50세부터 10년 동안 본격적으로 시작했다고 하셨습니다. 게다가 당시 70세가 넘은 나이임에도 불어 공부를 하신다면서 언어는 10년에 하나씩 마스터하면 된다고 말씀하셨습니다.

그때까지 나는 40세정도 되면 공부는 끝난 것인 줄 알았습니다. 이 사모님은 60대에 미국 가서 공부하여 석사학위를 받으시고, 70세에 불어를 공부하신 것입니다. 엄청난 충격이었습니다.

자서전은 90세나 넘어야 쓸 생각이고 그때까지는 계속 배우겠다고 하셨습니다. 장수와 건강의 비결은 꿈을 가지고 배우는 자세로 젊게 사시기 때문이었습니다. 그래서 늙지 않고 건강하게 사시는 것이었습니다.

아드님과 따님이 모두 박사인데 며느리와 사위가 박사인 것도 신기했습니다. 박사라는 학위도 학위였지만 평생 공부한다는 자세와 학구적인 집안 분위기는 그 어떤 유산이나 돈을 물려주는 것보다도 강하다는 느낌이 들었습니다. 구박사님 댁을 다녀온 이후로 책을 더 열심히 읽기 시작했습니다. 거기에 자극을 받아 나 역시도 40세가 넘어서도 공부를 계속하게 되었습니다.

나는 회사에서 새로운 프로젝트가 주어지거나 알아야 할 분야가 생기면 그 분야에 대해서 최소한 20권의 책을 읽습니다. 그리고 관련된 주제로 확장해가며 100권을 읽습니다.

내가 제한된 시간에 책 100권을 읽을 수 있는 이유는 빠르게 중요한 정보 위주로 읽기 때문입니다. 밑줄을 그어가면서 중요한 것들을 표시하고 잘 안 읽히는 부분은 빠르게 넘어갑니다. 속독해야 할 부분은 속독하고 중요한 부분 위주로 정독을 하는 것입니다. 이것이 훈련이 되면 짧은 시간 내에 독서를 많이 할 수 있습니다.

한 분야의 책을 10권 이상만 읽어도 머리 속에 점으로 찍혀 있는 개념들이 서로 연결됩니다. 점과 점이 연결되면서 형태를 갖추고 그 분야에 대한 큰 그림을 이해하는 능력이 생깁니다. 사람들과 이야기를 해 보면 알게 됩니다. 그 분야의 전문가 소리를 듣게 되고 입체적인 사고를 하게 됩니다. 사람들이 인정을 해 줍니다.

그럼 비슷한 주제에 대한 책을 100권을 읽으면 어떻게 될까요? 그 분야에서 '무조건 성공'을 하게 됩니다. 다른 경쟁자들을 압도적으로 이길 수 있는 모든 정보들이 책 속에 있습니다. 대화나 협상을 할 때 자신감이 생기고 주변 사람들을 설득할 수 있습니다. 뛰어난 직관(insight)이 생기게 됩니다.

내가 금융회사에서 생소했던 온라인 자산관리 서비스나 SNS 마케팅을 성공시킬 수 있었던 것도 그 분야의 책을 100권 이상 읽고 지식으로 무장했기 때문이었습니다. 그 분야에 대한 전문가들의 지식을 흡수했기 때문에 주도적으로 일을 진행할 수 있있고 성공에 먼저 다가설 수 있었던 것입니다.

나는 책을 읽고 명상을 통해 사업에 대한 직관이 생기면 강한 추진력으로 밀어붙입니다. 이것이 성공의 비밀입니다.

사업에 대한 직관은 결국 지식에서 나오게 된다는 사실을 기억하세요. 지식을 얻는 가장 좋은 방법이 바로 '책'입니다.

책에는 모든 과거의 영혼이 가로누워 있다
- 카알라일 -

> 한 분야의 책을 10권 이상만 읽어도 머리 속에 점으로 찍혀 있는 개념들이 서로 연결됩니다.

Chapter 14

돈보다 더 가치 있는
사람에게 투자한다

남을 도와 줄 때는 화끈하게 도와주라
도와주는 건지 안 도와주는 건지
흐지부지하거나 조건을 달지 마라
- 탈무드 -

먼저 베풂으로
휴먼 네트워크를 만든다 - 나눔의 힘

시골에서 고구마를 캐면 수백 개의 고구마를 혼자서 다 먹을 수 있을까요?

물론 처음 몇 개는 먹을 수 있습니다. 하지만 고구마를 모아두어 봤자 그냥 두면 썩습니다. 그래서 사람들에게 나눠주면 고맙다고 하면서 옥수수도 가져오고 쌀도 가져옵니다. 지역 네트워크가 끈끈해지면서 또 다른 아이템이 생기게 됩니다.

마찬가지로 좋은 지식이나 정보가 있다면 주변 사람들과 공유해야 합니다. 일상생활을 하면서 내 친구들과 지인들에게 도움이 될만한 것들을 알게 되거나 얻게 됩니다. 이런 것들을 절대 묵혀 두지 말아야 합니다.

나를 만나는 사람들마다 나에게 '그렇게 넘치는 에너지가 어디서 나오세요?'라고 묻곤 합니다. 나는 사람들을 도와주면서 그 사람들에게서 오히려 에너지를 얻습니다.

먼저 돕는 것이 단기적으로 약간 손해처럼 보여도 장기적으로 보면 내가 도움을 더 받게되니 이익입니다. 바로 나눔의 중요성입니다.

이것이 인사이트(insight)의 원천입니다. 미국이나 캐나다를 구태여 갈 필요도 없습니다. 나의 주변, 친구들, 지인들만 잘 관리해도 성공할 수 있습니다. 그들에게 힘을 실어주고 나도 힘을 얻을 수 있기 때문입니다. '대박 이론'의 원리인 것입니다.

온라인 마케팅(멘토스)을 진행할 때도, 부동산 투자를 할 때도 그랬습니다. 나 혼자의 능력이라면 성공하기 힘들었던 일이었습니다. 주변의 친구들, 선후배, 직원들의 능력과 그들의 도움이 성공의 원천이었습니다.

특히 젊은 친구들의 조언은 큰 힘이 되었습니다. 하나금융그룹의 스마트홍보대사가 성공할 수 있었던 것도 네트워크와 SNS의 힘이었습니다.

관심을 기울이고 멘토링을 통해 학생들에게 도움을 주려고 노력한 결과 스마트홍보대사 1기에서 8기까지 수많은 젊은 친구들이 취업할 수 있었습니다. 서로 도와주고 도움을 받을 수 있는 네트워크가 형성된 것입니다.

누군가가 어떤 이야기를 남기면 항상 짧더라도 반응을 해주었습니다. 페이스북 등 온라인상에서도 수시로 'like'를 눌러줬습니다. 네트워크의 중요성을 깨우치고 8년을 노력한 결과 거대한 네트워크가 형성 되었습니다.

지금은 각계 각층에 많은 친구들과 지인들이 있습니다. 기업과 사업에 관한 정확한 정보를 전화 한통이면 얻을 수 있습니다.

'인맥이 없어서' 또는 '빽이 없어서'라고 이야기하는 사람들이 있습니다. 남탓을 하고 자신의 처지를 비관하면 남는 게 없습니다. 네트워크는 스스로 만들어 나가는 것입니다. 도움을 받고 싶다면 그것 이상으로 도움을 주어야 합니다. 바로 옆의 사람부터 시작하면 됩니다.

뭔가 일이 잘 되지 않는다면 과연 내가 주변사람들에게 얼마만큼의 도움을 주었는지 생각해 보아야 합니다. 꼭 물질적인 도움을 말하는 것은 아닙니다.

내 친구나 지인들에게 이기적인 행동과 언행을 하지는 않았는지. 내 돈만 아끼고 우리 가족만 챙기는 행동을 하지는 않았는지. 또는 상처주는 말을 하지는 않았는지를 생각해 보고 반성해야 합니다.

멀리 갈 필요도 없습니다. 네트워크의 시작은 바로 내 옆에 있는 사람들입니다. 나는 그들에게 얼마만큼의 진심을 전해 주었는가 생각해 봅시다.

네트워크의 시작은 바로 내 옆에 있는 사람입니다.

내가 혹시 친구나 지인에게
이기적인 행동, 이기적인 언행,
우리 가족만 챙기는 행동을 하지는 않았는가?
상처의 말을 하지는 않았는가?

멀리 갈 필요도 없다.
네트워크의 시작은
내 옆에 있는 사람들이다.
나는 그들에게 얼마만큼의 진심을 전해 주었는가?

Chapter 15

시련과 고통이 나의 힘이다
— 인내의 힘 —

시련을 통해
성장하고 발전한다

　누구나 힘든 시기는 있지만 나의 경우는 재수생 시절이었습니다. 보통은 힘든 시절을 겪게 되면 "왜 나에게 이런 일이 생길까?"라고 불평합니다.

　고통을 '자극' 이라는 의미에서 생각해 봅시다. 우리가 근육을 키울 때 운동을 합니다. 무거운 것을 들고 근육에 자극을 주어야 근육이 생기지요. 그런데 사실 무거운 것을 드는 동안 우리의 근육은 찢어지게 됩니다. 그리고 상처가 아물면서 더 큰 근육이 자라나게 됩니다.

인생의 힘든 시간, 그 고통의 시간이 바로 나를 성장시키는 시간입니다. 누구에게나 고통의 시간은 있고 그것을 어떻게 감내하느냐, 어떤 의미를 스스로에게 부여하느냐에 따라 인생의 성공 여부가 결정되게 됩니다.

재수를 시작하면서 처음 들었던 생각은 '창피하다'였습니다. 나의 소속감이 사라졌기 때문이었습니다. 갑자기 죄인이 된 것 같은 느낌이었고, 길거리를 지나갈 때마다 내 자신이 세상에 드러나는 것이 창피했습니다.

그런데 재수생활이 인생의 가장 중요한 '터닝포인트'가 될 줄은 몰랐습니다. 심적으로 너무 힘들어서 처음으로 금식기도라는 것을 해 보았습니다. 나는 누구이며 무엇 때문에 사는지에 대한 고민을 하기 시작했습니다.

금식 후 교회의 주일학교 선생을 하게 되었습니다. 여의도 순복음 교회에 갔습니다. 같은 주일학교 선생 중 동갑인 친구는 Y대 영문학과 학생이었습니다. 그 친구는 대학생이고 나는 재수생인데 아이들은 나에게 '선생님'이라고 부르는 것이었습니다.

"애들아, 나 재수생이야……."

그래도 아이들은 나를 선생님이라고 불러줬습니다. 나의 상황은 변한 것이 없었는데 그 말 한마디에 뭔가 힘이 났습니다. 나는 무엇이든 몸을 움직이고 해 보아야 하겠다고 마음 먹었습니다. 비전을 갖게 되었고 그 비전과 목표에 따라 계획을 세웠습니다.

그러면서 하루하루 열심히 버텨 나가자 그 다음부터는 별로 힘들지 않았습니다. 그리고 정말 일주일에 한번은 열심히 봉사활동을 했습니다.

그때 창의성과 언변이 늘었습니다. 그리고 그때의 경험이 지금까지 나를 지탱해 준 큰 힘이 되었습니다. 어떻게 하면 재미있게 이야기 할 수 있을지를 고민하다보니 이야기를 쉽게 하는 방법을 터득하게 되었습니다. 어떤 주제에 대해서든 짧고 명쾌하고 핵심을 요약해서 설명해 주는 능력이 생겼습니다. 내가 맡은 반이 10명에서 100명까지 늘었습니다.

잘 이야기하기 위해 재미있는 책과 개그콘서트를 많이 봤습니다. 탈무드의 예화들을 외우다시피 했습니다. 눈높이를 맞추는 것이 중요했는데 항상 초등학교 6학년들을 대상으로 나의 눈높이를 낮추었습니다.

아이들은 쉽게 설명하지 않으면 집중력이 금세 흩어지기 때문에 간결하고 쉽게 설명하려고 노력했습니다. 그러다보니 무엇이든 명쾌하게 설명하는 스토리텔링 능력이 생겨나기 시작했습니다.

아이들은 내가 힘들었을 때 나의 등불이었습니다. 아이들에게 받은 격려와 따뜻함을 갚아주고 싶다는 생각이 하나금융그룹 스마트 홍보대사(스마홍)에서 폭발했습니다.

홍보대사를 맡으며 대학생 모의면접을 통해 학생들의 역량을 높여주었습니다. 축제 때 회도 사주고 취업이 안되어 좌절하고 있는 학생들에게 희망과 용기를 주고 실질적인 역량을 키워줬습니다. 시련과 고통의 시간은 누구에게나 옵니다. 시련을 극복하는 방법은 '비전'을 마음속에 품는 것입니다.

미국에서 흥미로운 설문조사 결과가 발표된 적이 있습니다. '미래에 대해 어떠한 계획을 갖고 있느냐?'는 질문이었습니다.

응답자 가운데 60%는 아무 계획없이 시간이 흘러가는대로 산다고 했고, 27%는 앞으로 어떻게 먹고 살 것인지 경제적인 부분에 대해 계획해 본 적이 있다고 했습니다. 나머지 10%는 앞으로 어떤 꿈을 위해 시간을 보낼 것인지를 구체적으로 생각해 본 적이 있다고 했고, 나머지 3%는 그 계획을 직접 기록해 놓은 문서를 갖고 있다고 했습니다.

이 통계가 흥미로운 것은 이러한 응답 내용 때문이 아니라 그렇게 응답한 사람들의 실제 생활이 묘하게도 응답 내용과 일치했기 때문입니다.

30년이 지난 후, 다시 이들을 추적하여보니 이런 결과가 나왔습니다.
우선 아무 계획도 없이 산다고 대답한 60%의 사람들은 모두 정부나 민간단체로부터 생활보조금을 받아가며 생활하는 영세민들이 되어 있었습니다.

또 경제적인 부분을 계획하고 있다고 말한 27%는 하루 벌어 하루 먹고 사는 일용직이나 월급에 의존해 살아가는 셀러리맨들이 되어 있었습니다.

하지만 미래에 대한 구체적인 계획을 갖고 있다고 응답했던 10%의 사람들은 의사나 변호사처럼 전문직종에 종사하며 안락한 생활을 누리고 있는 상류층이 되어 있었습니다.

인생의 계획을 문서로 남겨 놓았다고 말한 3%는 각계에서 현재 미국 사회를 이끌어 가고 있는 최고 지도층이 되어 있었습니다. 여러분, 놀랍지 않으세요?

힘들고 어려운 상황이 왔다면 비전을 마음속에 품으세요. 그리고 구체적인 목표를 세우고 묵묵히 전진하다 보면 시련의 시간은 어느새 나의 힘이 되어 있을 것입니다.

시련과 고통은 나를 성장시켜주는 '힘'입니다.

근육을 키우는 것은 고통입니다
그 고통의 시간을 피하려고 하지 마세요
결국 그 고통은 나를 성장시킬 것입니다

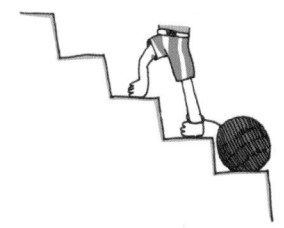

지금은 고통의 시간이지만
이것이 나의 힘이 될 것을 알고 있어

주변 사람들과 독서를 통해
에너지를 공급 받으세요

에필로그

꿈, 땀, 힘과
명품 가문의 꿈

누구나 모두들 자신의 꿈을 찾고 그것을 위해 즐겁게 노력한다면 참 멋진 세상이 될 것입니다.

꿈을 이루기 위해서는 나 자신에 대한 믿음을 가져야 합니다. 그러면 나를 좋아하게 됩니다.

'어? 나도 뭔가를 좋아하는 사람이구나.'
긍정적인 생각을 많이 하고 긍정의 에너지를 주변에 전파시켜야 합니다. 그리고 책을 통해 지식과 에너지를 공급받고 포기하지 않는다면 뭐든지 할 수 있습니다.

 나 또한 아무것도 없었지만 '명품가문'의 꿈을 꾸고 그것을 이루기 위해 노력해 왔습니다. 이 글을 읽는 여러분들도 꿈을 갖고 그것을 소중히 간직하며 열심히 이루어 나가길 바라겠습니다.

 꿈을 통해 열정과 희망을 키우세요. 그리고 땀을 흘리세요. 땀은 거짓말을 하지 않습니다. 주변 사람과 독서를 통해 배우고 힘을 키우세요.

안녕하세요?
박인규(아빠) 님의 신간, '꿈땀힘'에서 일러스트를 맡았던 박혜인이라고 합니다.

저는 어렸을 때부터 미술에 관심이 많았습니다. 엄마의 말에 따르면 집중력이 부족했던 저는 유일하게 그림을 그릴 때만 몇 시간씩 책상 앞에 앉아 있을 수 있었고, 한국에서는 펼칠 수 없었던 미술의 꿈을 자유롭게 실현하기 위해 캐나다로 이민을 가게 되었습니다. 저의 꿈은 일러스트 계에서 컨셉 아티스트가 되는 것이고, 캐나다가 자유와 서로 간의 존중이 존재하는 곳이라고는 했지만 꿈을 향해 나아가는 일은 생각처럼 쉽지만은 않았습니다.

새로운 환경, 소통의 어려움, 시기하는 사람들 등 감당하기 힘든 일이 많았지만, 항상 제 뒤에는 저의 가족이 또 하나님이 계시다는 것을 기억하면서 힘을 내며 나아갈 수 있었습니다. 아무리 슬프고 외로워도 우리 가족을 위해 캐나다에서 애쓰시는 엄마, 한국에서 일하시는 아빠 또 그 외에도 항상 기도로 뭉쳐있는 저희 가족을 생각하면 나도 모르게 힘이 났고, 가족의 기도와 긍정의 힘 덕분에 이 자리까지 올 수 있게 되었습니다.

어려운 시간들이 많았지만 하나님의 임재 안에서 극복할 수 있었고, 저는 끝까지 포기하지 않고 실패를 두려워하지 않았습니다.

어릴 때부터 인터넷에서 캐나다와 전 세계에 있는 미술 공모전을 찾아 도전했던 일이 기억에 남습니다. 제 끈기와 노력으로 인해 좋은 결과를 맞이할 수 있었습니다. 도요타에서 상을 받았고, 미국에 있는 ACCD에 합격해서 총 오만 불 정도의 장학금을 받을 수 있게 되었습니다. 이 모든 것은 절대로 제 힘으로 된 것이 아닙니다.

도요타 그림 공모전은 인터넷에서 우연히 마감 일주일 전에 찾은 콘테스트였는데, 밤을 새우며 준비했습니다. 그림을 낸 후 저희 가족들과 함께 좋은 결과를 기대하며 기도했던 기억이 납니다.

아트센터 장학금도 예외가 아닙니다. 처음에는 주변 사람들의 칭찬과 지지로 당연히 받을 수 있을 것이라 생각해서 기도를 소홀히 했었습니다. 겸손하지 못했고 제 힘으로 모든 것이 해결될 줄 알았는데, 아트센터에서 유감이지만 장학금 리스트에 올라가지 못했다는 불합격 이메일을 보내왔습니다. 처음에는 정말 실망했고 현실이 믿어지지 않았습니다. 화실 선생님도 제가 당연히 받을 줄 알고 있었고, 저희 가족들도 기대를 많이 했었기에 저는 모두를 실망시킨 것 같아서 좌절했습니다. 하지만 여기서 나의 처지를 탓하고 불평만 계속했다면 절대 장학금을 받을 수 없었을 겁니다. 저는 이후에 계속 열심히 기도를 했고 비록 단 한 번도 답장은 받아보지 못 했지만, 대학에 이메일을 계속 썼습니다.

교회 사람들에게 중보기도를 부탁하고 저의 자만을 회개했습니다. 그리고 몇 주 후 미국으로 엄마와 집을 보러 가는 도중에 아트센터 주변을 구경하다가 카운슬러 오피스에 들어가 상담 신청을 했습니다. 엄마에게 "들어가서 장학금을 달라고 할 거예요."라고 했을 때 약간 당황하신 표정을 지으셨지만, 이내 웃으면서 저를 격려해 주셨고 저는 다시 힘을 얻어서 카운슬러 미팅에 들어갔습니다. 저는 하나님께서 모든 일을 해결해 주실 것이라는 확신이 있었고, 또 이번에 장학금을 받지 못해도 다른 쪽으로 해결해 주실 거라고 믿었습니다. 또 긍정의 힘으로 어차피 받지 못할 거면 한 번 물어보는 것도 나쁘지 않다고 생각했습니다.

그리고 기적이 일어났습니다.

카운슬러한테 용기를 내서 장학금을 못 받았는데 다시 한 번 포트폴리오를 봐달라고 요청하였고, 얼마를 원하느냐는 물음에 엄마는 크게 이만 불을 부르셨습니다. 당시에는 몇 천 불 밖에 생각을 안 하고 있었는데, 엄마의 발언은 나와 카운슬러 모두를 놀라게 했습니다. 며칠 후 기적적으로 가격에 두 배가 넘는 오만 불을 주겠다는 이메일이 왔습니다. 이 모든 것은 하나님의 힘으로 이루어졌고, 동시에 그전부터 미술 만 하는 것이 아니라 학점도 신경 써야 한다고 말씀해 주시던 엄마의 충고가 떠올랐습니다.

아트센터는 장학금을 줄때 성적을 보기 때문에 열심히 공부해왔지만, 주변 사람들은 매번 시간 낭비라며 무시했었습니다. 남들은 나를 격려를 해주지 못할망정 유난을 떠는 아이로만 생각하였고, 저는 공부까지 겸하기엔 시간도 부족하고 너무 힘들었지만, 남들보다 두 배 세배 노력했습니다. 하지만 고난 가운데 하나님은 기적을 보여주셨고 역사하셨습니다.

이제 전 먼 곳으로 떠나지만 그곳에서도 제 꿈을 향해 끊임없이 땀을 흘릴 것이고, 긍정과 끈기의 힘으로 하루하루를 하나님의 임재 안에서 살아갈 것입니다. 실패를 두려워해서는 안 되고 절대 포기해서도 안 됩니다. 세상에 불가능한 건 없기 때문입니다.

안녕하세요?
박인규(아빠) 님의 '꿈땀힘'을 읽은 박진주라고 합니다.

어렸을 때 저는 꿈이 없었습니다. 캐나다로 이민을 온 이후에도 새로운 언어, 생소한 문화와 환경 때문에 적응하느라 꿈에 대해 생각해 볼 겨를이 없었습니다. 어느 날 '꿈땀힘'이란 책이 배달되었습니다. 아빠가 쓴 책이었습니다. 항상 밝았던 아빠였지만, 지금에 이르기까지 얼마나 꿈을 갖고 이루기 위해 내가 몰랐던 고생을 했다는 사실을 처음 알게 되었습니다.

힘든 환경 속에서 아빠가 품었던 꿈을 알게 된 이후, 저도 꿈을 가져보고 목표를 위해 땀을 흘려보고 싶었습니다. 저는 동물들, 특히 개에 대해 관심이 많았습니다. 한동안 관심만 마음에 품고 있었는데, 어느 날 Youmbba라는 동물 보호소가 있다는 사실을 알게 되었습니다. 안락사 위험에 처한 동물들을 입양해 주는 곳인데, 그곳의 방문하면서 마음속에서는 연민과 애틋함이 생겼습니다. 그리고 이들을 도울 수 있다면, 그래서 더 많은 사람들이 동물을 통해 마음이 따뜻해진다면 저는 행복할 것 같았습니다.

그날 이후 저는 수의사가 되는 꿈을 꾸었습니다. 저는 남들이 멋있다고 생각하는 것보다 제 마음속에서 우러나오는 일을 하기로 했습니다. 결심을 하고 나니, 이제는 공부하는 것도 노력하는 것도 힘이 들지 않았습니다. 내가 흘리는 땀이 소중하게 느껴졌습니다. 그리고 꿈을 가진 사람은 행복한 사람이라는 말의 의미를 깨닫게 되었습니다.

나의 유언 5가지

1. 주일을 지켜라
    : 일주일에 하루는 휴식과 성찰의 시간을 갖는다

2. 나라와 민족을 위해 일한다
    : 타인을 진정으로 위하는 일을 할 때 스스로가 발전한다

3. 세계적인 명품가문을 만들자
    : 모범이 되는 생각과 행동으로 가정을 이루면 인생이 빛난다

4. 10,000권의 책을 읽어라
    : 책은 인생의 가장 큰 스승이다

5. 공부는 아빠만큼 해라
    : 배움의 끝은 없다